COLECCIÓN

Grandes datos

# BIG DATA
## 700 preguntas

# Volumen 4

Prof. Marcão - Marcus Vinícius Pinto

Renuncia:

Tenga en cuenta que la información contenida en este documento es solo para fines educativos y de entretenimiento. Se ha hecho todo lo posible para proporcionar información completa, precisa, actualizada y confiable. Ninguna garantía de ningún tipo es expresa o implícita.

Al leer este texto, el lector acepta que bajo ninguna circunstancia el autor es responsable de las pérdidas, directas o indirectas, incurridas como resultado del uso de la información contenida en este libro, incluidos, entre otros, errores, omisiones o inexactitudes.

ISBN: **9798312109146**

Pie de imprenta: Publicación independiente

# Resumen.

# 1   Prefacio.

Imagínate dominando los secretos del Big Data, la fuerza impulsora detrás de las decisiones más impactantes en el mundo moderno. La colección "BIG DATA: 700 Questions" es más que una serie de libros: es una guía definitiva, un desafío intelectual y una invitación a explorar la ciencia de datos de una manera profunda e interactiva. Este trabajo, que forma parte de la colección "Big Data", ofrece un camino estructurado para aquellos que quieren no solo comprender, sino también aplicar los conocimientos sobre los datos en su carrera, negocio o estudios.

## 1.1   ¿Por qué elegir 'BIG DATA: 700 preguntas'?

Esta colección está diseñada para proporcionar un aprendizaje dinámico, desafiante y práctico. Con 700 preguntas estratégicamente elaboradas y distribuidas en 5 volúmenes, permite avanzar en el dominio del Big Data de forma progresiva y atractiva. Cada respuesta es una oportunidad para ampliar tu visión y aplicar conceptos de forma realista y eficaz.

## 1.2   ¿A quién va dirigida esta colección?

1   Profesionales de Tecnología y Análisis de Datos: Amplía tus habilidades y conviértete en un valioso experto en el mercado, donde la fluidez en los datos es uno de los diferenciales más buscados.

2   Ejecutivos y responsables de la toma de decisiones: Comprenda cómo los datos pueden impulsar las estrategias empresariales, mejorar la eficiencia operativa y generar una ventaja competitiva.

3   Estudiantes e investigadores: Construya una base sólida para su carrera académica o profesional preparándose para los desafíos y oportunidades de la era digital.

4   Entusiastas del conocimiento: Si tienes curiosidad por saber cómo los datos dan forma al mundo, esta colección ofrece una inmersión

completa, que abarca desde conceptos fundamentales hasta temas avanzados.

1.3    ¿Qué hace que esta colección sea única?

Aprendizaje activo e interactivo.

Cada pregunta desafía tu comprensión y fomenta la reflexión crítica, transformando la lectura en una experiencia de aprendizaje continuo.

Enfoque práctico y aplicable.

Las respuestas van más allá de la teoría y muestran aplicaciones del mundo real en una variedad de industrias, incluidas las empresariales, gubernamentales, educativas e investigativas.

Visión 360° de Big Data.

Profundiza no solo en las técnicas y herramientas, sino también en las implicaciones éticas, legales y sociales del uso de los datos.

Desarrollo de la alfabetización de datos.

La era digital requiere profesionales que sepan cómo interpretar, cuestionar y transformar los datos en información poderosa. Este libro te ayudará a desarrollar esta habilidad esencial.

1.4    El futuro pertenece a aquellos que dominan los datos.

El Big Data ya no es una tendencia, es una realidad consolidada e imprescindible para todas las áreas del conocimiento y del mercado. Las empresas, los gobiernos y las instituciones educativas dependen cada vez más del análisis de datos para tomar decisiones informadas. Invertir en tu aprendizaje hoy significa prepararte para un futuro de oportunidades ilimitadas.

Con 'BIG DATA: 700 Preguntas', siempre estarás un paso por delante, adquiriendo no solo conocimientos, sino también la capacidad de aplicarlos de forma estratégica e innovadora.

## 1.5   ¡Sé parte de la revolución de los datos!

No te quedes atrás. La revolución del Big Data ya ha comenzado, y esta colección es tu pasaporte a un universo de posibilidades. Compre ahora la colección "BIG DATA: 700 Preguntas" y convierta su curiosidad en acción, su información en comprensión y sus preguntas en soluciones que darán forma al futuro.

El futuro es para los datos. ¡Tu lugar en él comienza ahora!

## 1.6   La colección de 700 preguntas.

La colección consta de los siguientes libros:

### 1.6.1   BIG DATA: 700 preguntas - Volumen 1.

Se trata de la información como materia prima para todo, los conceptos fundamentales y las aplicaciones del Big Data.

### 1.6.2   BIG DATA: 700 preguntas - Volumen 2.

Aborda Big Data en el contexto de la ciencia de la información, las tendencias y el análisis de la tecnología de datos, el análisis aumentado, la inteligencia continua, la computación distribuida y la latencia.

### 1.6.3   BIG DATA: 700 preguntas - Volumen 3.

Contempla los aspectos tecnológicos y de gestión del Big Data, la minería de datos, los árboles de clasificación, la regresión logística y las profesiones en el contexto del Big Data.

### 1.6.4 BIG DATA: 700 preguntas - Volumen 4.

Se ocupa de los requisitos para la gestión de Big Data, las estructuras de datos utilizadas, la arquitectura y las capas de almacenamiento, la Business Intelligence en el contexto de Big Data y la virtualización de aplicaciones.

### 1.6.5 BIG DATA: 700 preguntas - Volumen 5.

El libro trata sobre SAAS, IAAS Y PAAS, implementación de Big Data, gastos generales y ocultos, Big Data para pequeñas empresas, seguridad digital y almacenamiento de datos en el contexto de Big Data.

¡Feliz estudio!

Prof. Marcão Marcus Vinícius Pinto

Maestría en Tecnologías de la Información
Especialista en Tecnologías de la Información.
Consultor, Mentor y Conferencista en Inteligencia Artificial,
Arquitectura de la Información y Gobierno de Datos.
Fundador, CEO, profesor y
asesora pedagógica en MVP Consult.

# 2 Requisitos para la gestión de Big Data.

## 2.1 Preguntas.

1. ¿Cuál de los siguientes se considera un requisito esencial para una gestión eficaz de Big Data?

   a) Conocimientos avanzados en redes sociales.

   b) Infraestructura informática escalable.

   c) Asociaciones exclusivas con proveedores de hardware.

   d) Una única plataforma centralizada de almacenamiento de datos.

2. ¿Qué tipo de tecnología es vital para procesar rápidamente grandes volúmenes de datos en un entorno de big data?

   a) Procesamiento de transacciones en línea (OLTP).

   b) Herramientas de gestión de contenidos web.

   c) Sistemas de procesamiento analítico en línea (OLAP).

   d) Sistemas de archivos simples.

3. ¿Qué característica es fundamental para las herramientas de software utilizadas en la gestión de Big Data?

   a) Compatibilidad con sistemas heredados.

   b) Interoperabilidad e integración entre diferentes fuentes de datos.

c) Interfaz visualmente atractiva.

d) Soporte para una única fuente de datos.

4. ¿Qué tipo de profesional se necesita para gestionar de forma eficiente proyectos de Big Data?

a) Especialistas en marketing digital.

b) Analistas de inversión en renta variable.

c) Profesionales con conocimientos avanzados en estadística y análisis de datos.

d) Ingenieros mecánicos.

5. ¿Cuál es uno de los principales requisitos organizacionales para facilitar la gestión del Big Data?

a) Marcos robustos de gobernanza de datos.

b) La presencia de una única persona con plena autoridad sobre los datos.

c) Concentración de datos en un solo departamento.

d) Enfoque exclusivo en tecnologías de código abierto.

6. ¿Cuáles son las políticas necesarias para una gestión eficaz de big data que cumpla con la normativa?

a) Políticas de ciberseguridad.

b) Políticas de privacidad y protección de datos.

c) Políticas de responsabilidad social corporativa.

d) Políticas de seguridad y salud en el trabajo.

7. ¿Cuál es el requisito de infraestructura necesario para garantizar la redundancia y la alta disponibilidad en los sistemas de Big Data?

a) Virtualización de servidores.

b) Conexión a Internet de alta velocidad.

c) Sistemas de copia de seguridad y recuperación de datos.

d) La energía solar como fuente de energía alternativa.

8. En la gestión de Big Data, ¿qué prácticas ayudan a garantizar la calidad y precisión de los datos?

a) Prácticas de integración de sistemas de entretenimiento.

b) Prácticas de marketing digital.

c) Prácticas de limpieza y validación de datos.

d) Prácticas de gestión de redes sociales.

9. Para una gestión eficiente del Big Data, ¿cuál es uno de los principales requisitos relacionados con el talento humano?

a) La inclinación al pensamiento creativo e innovador.

b) Conocimientos básicos de herramientas ofimáticas.

c) Formación continua en tecnologías Big Data y análisis de datos.

d) Experiencia en gestión de restaurantes.

10. A la hora de elegir una solución de almacenamiento para Big Data, ¿qué es lo más importante a tener en cuenta?

a) La popularidad de la solución entre las pequeñas startups.

b) El coste de mantenimiento de la solución.

c) La capacidad de escalar a medida que crece el volumen de datos.

d) El color y diseño de los dispositivos de hardware.

## 2.2    Respuestas.

1.  b) Infraestructura informática escalable.

2.  c) Sistemas de procesamiento analítico en línea (OLAP).

3.  b) Interoperabilidad e integración entre diferentes fuentes de datos.

4.  c) Profesionales con conocimientos avanzados en estadística y análisis de datos.

5.  a) Marcos robustos de gobernanza de datos.

6.  b) Políticas de privacidad y protección de datos.

7.  c) Sistemas de copia de seguridad y recuperación de datos.

8.  c) Prácticas de limpieza y validación de datos.

9.  c) Formación continua en tecnologías Big Data y análisis de datos.

10. c) La capacidad de escalar a medida que crece el volumen de datos.

# 3   Big Data y estructuras de datos relacionadas.

## 3.1    Preguntas.

1. ¿Qué estructura de datos es esencial para los sistemas de Big Data que requieren almacenamiento y procesamiento distribuidos?

   a) Arrays.

   b) Árboles B.

   c) Tablas hash.

   d) Sistemas de archivos distribuidos (como HDFS).

2. ¿Qué son las bases de datos NoSQL y cuál es su relación con el Big Data?

   a) Bases de datos que no permitan el uso de SQL, no relacionadas con el Big Data.

   b) Bases de datos relacionales tradicionales que no son aptas para Big Data.

   c) Bases de datos que no siguen el modelo relacional, diseñado para la escalabilidad horizontal y el manejo de grandes volúmenes de datos.

   d) Bases de datos únicas para almacenar textos que no se pueden estructurar.

3. ¿Cómo beneficia el modelo de datos de almacenamiento de clave-valor al Big Data?

a) Facilitar la consulta de datos a través de la estandarización extrema.

b) Permitir transacciones complejas con un alto nivel de consistencia.

c) Ofrecer almacenamiento altamente escalable y flexible para pares clave-valor.

d) Priorizar la integridad referencial y los esquemas de datos fijos.

4. ¿Qué caracteriza a una base de datos orientada a grafos en el contexto del Big Data?

a) La imposibilidad de representar relaciones entre entidades.

b) Eficiencia en la manipulación y almacenamiento de datos lineales.

c) La capacidad de mapear y almacenar las complejas relaciones entre los datos.

d) La limitación del tamaño del conjunto de datos que puede ser procesado.

5. ¿Por qué son importantes los Data Lakes en el Big Data?

a) Porque son depósitos de grandes cantidades de agua, no relacionados con los datos.

b) Porque proporcionan una infraestructura centralizada y unificada para almacenar datos no estructurados.

c) Porque son sistemas que almacenan principalmente datos financieros.

d) Porque centralizan el procesamiento de datos pero no el almacenamiento de datos.

6. En Big Data, ¿qué son los Data Warehouses y en qué se diferencian de los Data Lakes?

a) Los Data Warehouses son sistemas únicos para almacenar datos gubernamentales, mientras que los Data Lakes almacenan cualquier tipo de datos.

b) Los Data Warehouses son repositorios optimizados para el análisis, que contienen datos estructurados y procesados, mientras que los Data Lakes almacenan grandes volúmenes de datos brutos y estructurados.

c) Los Data Warehouses son tecnologías obsoletas para el almacenamiento de datos, mientras que los Data Lakes son nuevos sistemas de procesamiento de datos.

d) No hay diferencias; Almacenes de datos y lagos de datos son términos intercambiables.

7. ¿Cómo ha sido el cloud computing un aliado del Big Data en cuanto a estructura de datos?

a) Limitando el acceso a los datos a ubicaciones físicas específicas.

b) proporcionando servicios e infraestructuras que se adapten automáticamente al volumen de datos.

c) Incrementando los costos de almacenamiento y procesamiento de datos.

d) Reduciendo drásticamente la cantidad de datos que se pueden analizar.

8. ¿Qué son los sistemas de gestión de bases de datos distribuidas (DDBMS) y por qué son relevantes para el Big Data?

a) Son sistemas dedicados a la gestión de pequeñas bases de datos, de forma centralizada.

b) Son sistemas de control de bases de datos que existen en diferentes ubicaciones, y son relevantes porque ofrecen alta disponibilidad y tolerancia a fallos.

c) Son tecnologías obsoletas e incompatibles con los requerimientos del Big Data.

d) Son sistemas especialmente utilizados en bancos e instituciones financieras para gestionar transacciones monetarias.

9. ¿Cuál de las siguientes ventajas es el uso de columnas en el almacenamiento basado en columnas para macrodatos?

a) Mayor seguridad de los datos, ya que cada columna se puede cifrar individualmente.

b) Mayor velocidad para las operaciones de lectura y análisis en grandes volúmenes de datos de una misma columna.

c) Reducción de las habilidades requeridas para el mantenimiento de la base de datos.

d) Mejora del rendimiento de las transacciones en la base de datos en línea.

10. ¿Qué beneficios aporta la indexación a la gestión de Big Data?

a) La indexación ralentiza el rendimiento del sistema al añadir más complejidad.

b) Permite un acceso más rápido a los datos mediante la creación de referencias rápidas a los puntos de datos.

c) La indexación es irrelevante para el Big Data, ya que las mejoras de rendimiento solo se notan en conjuntos de datos pequeños.

d) Centraliza todos los datos en un único índice, lo que los hace más vulnerables a los ciberataques.

11. ¿Cómo ayuda la paralelización en el procesamiento de Big Data?

a) Reduce la necesidad de almacenamiento mediante el procesamiento secuencial de los datos.

b) Aumenta la eficiencia energética de los centros de datos al reducir la cantidad de datos procesados.

c) Permite el procesamiento simultáneo de múltiples conjuntos de datos, agilizando las operaciones computacionales.

d) Promueve la estandarización de los datos, facilitando el uso de un único procesador.

12. ¿Cuál es la importancia de las técnicas de compresión de datos en el contexto del Big Data?

a) Las técnicas de compresión hacen que los datos sean indescifrables y más seguros contra las violaciones de datos.

b) Aumentan el tamaño de los datos para mejorar la calidad y claridad de la información.

c) Reducen la cantidad de espacio de almacenamiento requerido y pueden mejorar el rendimiento en la transferencia y el procesamiento de datos.

d) Las técnicas de compresión de datos se utilizan principalmente para el archivado a largo plazo y no afectan al rendimiento.

13. ¿Por qué MapReduce es una estructura de datos clave para el procesamiento de big data?

a) Es el único método posible para visualizar datos en grandes conjuntos.

b) Permite realizar tareas complejas de IA y aprendizaje automático sin codificación.

c) Es una estructura que facilita el procesamiento y generación de grandes conjuntos de datos de forma distribuida en un clúster.

d) MapReduce es una interfaz de usuario intuitiva para profesionales de negocios, no relacionada con el procesamiento de datos.

14. ¿Cuáles son los desafíos asociados con el uso de estructuras de datos políglotas en Big Data?

a) La dificultad de mantener la coherencia y exactitud de los datos entre sistemas que utilizan diferentes tipos de bases de datos.

b) La incompatibilidad total entre los distintos tipos de bases de datos, lo que imposibilita su uso conjunto.

c) La imposibilidad de realizar operaciones de análisis sobre datos almacenados en diferentes estructuras de datos.

d) Una simplificación excesiva de las operaciones informáticas, lo que se traduce en una falta de control preciso.

15. En Big Data, ¿cuál es el propósito de utilizar el procesamiento de flujos de datos en tiempo real?

a) Aumentar la latencia en el análisis y proporcionar una visión diferida de los datos.

b) Proporcionar una toma de decisiones basada en lotes de grandes conjuntos de datos.

c) Analizar y actuar sobre los datos a medida que se generan o reciben.

d) Almacenar los datos temporalmente hasta que puedan ser procesados en lotes.

16. ¿Cuál es la ventaja del enfoque de esquema en lectura en un entorno de big data?

a) Los datos deben estar estructurados rígidamente antes de que puedan almacenarse.

b) Ofrece la flexibilidad de interpretar los datos en el momento de la lectura, lo que es adecuado para datos variados y no estructurados.

c) Requiere que todos los datos se indexen antes de almacenarse, lo que puede ser una desventaja.

d) Los datos se leen secuencialmente, aumentando el tiempo de acceso.

17. ¿Qué son los Data Marts y cómo se relacionan con el Big Data?

a) Son herramientas de visualización de datos y no están relacionadas con el almacenamiento de Big Data.

b) Son versiones más pequeñas y enfocadas de los Data Warehouses, orientadas a las necesidades específicas de un departamento o equipo dentro de una organización.

c) Los Data Marts son la estructura principal para el almacenamiento de Big Data, sustituyendo a otras estructuras, como las bases de datos y los Data Lakes.

d) Dispositivos físicos de almacenamiento utilizados únicamente para datos Big Data.

18. ¿Cómo se utilizan los Data Frames en el contexto de Big Data?

a) Como dispositivos de entrada de datos que sustituyen al teclado.

b) Como estructuras de datos para almacenar datos tabulares en memoria utilizados en lenguajes de programación estadística y análisis de datos como R y Python.

c) Definir las estructuras físicas de los Centros de Datos especializados en Big Data.

d) Las tramas de datos se refieren a las tramas utilizadas para contener discos duros que almacenan grandes volúmenes de datos.

19. En Big Data, ¿cuál es la función de un Data Pipeline?

a) transportar dispositivos físicos de almacenamiento de datos de un lugar a otro.

b) Proporcionar soporte estructural a los servidores de datos.

c) Gestionar el flujo de datos desde la recogida hasta el almacenamiento, el procesamiento y el análisis.

d) Data Pipeline es un término para el cableado eléctrico que alimenta los almacenes de datos.

20. ¿Cuál es el papel de los algoritmos de Machine Learning en las estructuras de datos de Big Data?

a) Se utilizan para aumentar el volumen de datos, pero no tienen ningún papel en el análisis de datos.

b) Se aplican para descubrir patrones, tendencias y correlaciones ocultas en grandes conjuntos de datos.

c) El Machine Learning es irrelevante para el Big Data, ya que es un área completamente separada de la ciencia de datos.

d) Utilizados únicamente para la compresión de datos, los algoritmos de Machine Learning no influyen en el análisis.

## 3.2 Respuestas.

1. d) Sistemas de archivos distribuidos (como HDFS)

2. c) Bases de datos que no siguen el modelo relacional, diseñado para la escalabilidad horizontal y el manejo de grandes volúmenes de datos.

3. c) Ofrecer almacenamiento altamente escalable y flexible para pares clave-valor.

4. c) La capacidad de mapear y almacenar las complejas relaciones entre los datos.

5. b) Porque proporcionan una infraestructura centralizada y unificada para almacenar datos no estructurados.

6. b) Los Data Warehouses son repositorios optimizados para el análisis, que contienen datos estructurados y procesados, mientras que los Data Lakes almacenan grandes volúmenes de datos brutos y estructurados.

7. b) proporcionando servicios e infraestructuras que se adapten automáticamente al volumen de datos.

8. b) Son sistemas de control de bases de datos que existen en diferentes ubicaciones, y son relevantes porque ofrecen alta disponibilidad y tolerancia a fallos.

9. b) Mayor velocidad para las operaciones de lectura y análisis en grandes volúmenes de datos de una misma columna.

10. b) Permite un acceso más rápido a los datos mediante la creación

de referencias rápidas a los puntos de datos.

11. c) Permite el procesamiento simultáneo de múltiples conjuntos de datos, agilizando las operaciones computacionales.

12. c) Reducen la cantidad de espacio de almacenamiento requerido y pueden mejorar el rendimiento en la transferencia y el procesamiento de datos.

13. c) Es una estructura que facilita el procesamiento y generación de grandes conjuntos de datos de forma distribuida en un clúster.

14. a) La dificultad de mantener la coherencia y exactitud de los datos entre sistemas que utilizan diferentes tipos de bases de datos.

15. c) Analizar y actuar sobre los datos a medida que se generan o reciben.

16. b) Ofrece la flexibilidad de interpretar los datos en el momento de la lectura, lo que es adecuado para datos variados y no estructurados.

17. b) Son versiones más pequeñas y enfocadas de los Data Warehouses, orientadas a las necesidades específicas de un departamento o equipo dentro de una organización.

18. b) Como estructuras de datos para almacenar datos tabulares en memoria utilizados en lenguajes de programación estadística y análisis de datos como R y Python.

19. c) Gestionar el flujo de datos desde la recogida hasta el almacenamiento, el procesamiento y el análisis.

20. b) Se aplican para descubrir patrones, tendencias y correlaciones ocultas en grandes conjuntos de datos.

# 4    Capas de Big Data.

## 4.1    Preguntas.

1. ¿Qué capa del ecosistema Big Data es la responsable de recopilar datos de diversas fuentes?

   a) Capa de presentación.

   b) Capa de procesamiento.

   c) Capa de ingesta de datos.

   d) Capa de almacenamiento.


2. ¿En qué capa de Big Data se limpian, transforman y preparan los datos para su análisis?

   a) Capa de visualización.

   b) Capa de almacenamiento.

   c) Capa de procesamiento.

   d) Capa de Gobernanza.


3. ¿Para qué es crucial la capa de almacenamiento de Big Data?

   a) Para la visualización gráfica de los datos.

   b) Para la creación de cuadros de mando interactivos.

   c) Almacenar de forma segura y eficiente grandes volúmenes de datos.

d) Tratar los datos en tiempo real.

4. ¿Qué capa de Big Data se encarga de garantizar que los datos cumplan con las políticas y regulaciones?

a) Capa de análisis.

b) Capa de gobernanza.

c) Capa de ingesta de datos.

d) Capa de procesamiento.

5. En el contexto de Big Data, ¿dónde suele tener lugar el análisis y el procesamiento en tiempo real?

a) Capa de brecha de datos.

b) Capa de almacenamiento.

c) Capa de procesamiento en tiempo real.

d) Capa de metadatos.

6. ¿Qué capa de Big Data se centra en la entrega de datos en una forma que sea accesible para los usuarios finales, normalmente a través de cuadros de mando e informes?

a) Capa de Presentación y Visualización.

b) Capa de Análisis Predictivo.

c) Capa de ingesta de datos.

d) Capa de Machine Learning.

7. ¿En qué capa se aplican técnicas como el Machine Learning y los modelos estadísticos para extraer insights de los datos en Big Data?

a) Capa de visualización.

b) Capa de análisis.

c) Capa de almacenamiento.

d) Capa de Adquisición de Datos.

8. ¿Qué capa de Big Data es crítica para la recuperación y consulta rápidas de grandes conjuntos de datos?

a) Capa de infraestructura.

b) Capa de indexación.

c) Capa de almacenamiento.

d) Capa de procesamiento en tiempo real.

9. ¿Durante qué capa de Big Data se divide el conjunto de datos en subconjuntos más pequeños para un análisis detallado?

a) Capa de segmentación.

b) Capa de análisis.

c) Capa de visualización.

d) Capa de ingesta de datos.

10. ¿En qué capa del Big Data se produce la integración de datos procedentes de fuentes heterogéneas?

a) Capa de integración.

b) Capa de preparación de datos.

c) Capa de análisis.

d) Capa de Adquisición de Datos.

11. ¿En qué capa del Big Data se encuentra la decisión de elegir entre el procesamiento por lotes o en tiempo real?

a) Capa de almacenamiento.

b) Capa de análisis de datos.

c) Capa de elección de procesamiento.

d) Capa de ingesta de datos.

12. ¿Cómo contribuye la capa de metadatos al ecosistema de Big Data?

a) Facilita la introducción de datos en el sistema.

b) Gestiona el aspecto de seguridad de los datos a través del cifrado.

c) Proporciona información sobre los datos, ayudando en la organización, ubicación y comprensión de los datos.

d) No tiene utilidad directa, solo consume recursos del sistema.

13. ¿En qué capa del Big Data se establecen los protocolos de seguridad y los mecanismos de defensa frente a intrusiones y filtraciones?

a) Capa de seguridad.

b) Capa de gobernanza.

c) Capa de metadatos.

d) Capa de procesamiento.

14. ¿Dónde se maneja normalmente el procesamiento de flujos masivos de datos (streaming) dentro de las capas de Big Data?

a) Capa de almacenamiento a largo plazo.

b) Capa de procesamiento de eventos en tiempo real.

c) Capa de visualización.

d) Capa de Gobernanza.

15. ¿Cuál es el papel de la capa de orquestación en un entorno de Big Data?

a) Coordinar la ejecución de tareas entre las distintas capas y servicios.

b) Asegurar un buen rendimiento gráfico en la presentación de los datos.

c) Controlar el acceso de los usuarios a los datos almacenados.

d) Almacenar grandes volúmenes de datos históricos.

16. ¿En qué aspecto es crucial la capa de consulta de Big Data?

a) Para el cifrado de datos en reposo.

b) Para la interacción con los datos a través de lenguajes de consulta como SQL

c) para la transferencia física de datos entre diferentes centros de datos.

d) Para la creación de copias de seguridad de datos.

17. En la arquitectura de Big Data, ¿a qué procesos se refiere principalmente la capa ETL (Extraer, Transformar, Cargar)?

a) Extracción de insights a través de técnicas de analítica avanzada.

b) Encriptación y seguridad de los datos sensibles.

c) Exportación de datos a sistemas de reporte externos.

d) Preparación de datos mediante extracción, transformación y carga en los sistemas objetivo.

18. ¿Qué capa del Big Data se encarga de almacenar y garantizar la seguridad de los datos?

a) Capa de análisis.

b) Capa de almacenamiento.

c) Capa de procesamiento.

d) Capa de presentación.

19. En el contexto de Big Data, ¿qué significa la capa de ingesta?

A) Visualización de los datos para el usuario.

B) Filtrado y limpieza de datos.

C) Introducción y recogida de datos de diversas fuentes.

D) Conservación de los datos recogidos.

20. ¿Con qué capa de Big Data se asocia comúnmente la herramienta Hadoop?

a) Capa de visualización.

b) Capa de almacenamiento.

c) Capa de ingestión.

d) Capa de procesamiento.

21. ¿Qué capa de Big Data se centra en extraer información útil de grandes conjuntos de datos?

a) Capa de procesamiento.

b) Capa de almacenamiento.

c) Capa de adquisición.

d) Capa de visualización.

22. En la capa de procesamiento de Big Data, ¿qué tipo de herramientas se utilizan a menudo?

A) Bases de datos relacionales.

B) Herramientas de visualización de datos.

C) Frameworks de procesamiento a gran escala como Spark y Hadoop.

D) Sistemas de archivos locales.

23. ¿Por qué razón es importante la capa de acceso en Big Data?

A) Almacena grandes volúmenes de datos de manera eficiente.

B) Permite visualizar los datos de forma clara y objetiva.

C) Garantiza que se pueda acceder a los datos de forma controlada y segura.

D) Garantiza un procesamiento rápido de los datos.

24. ¿En qué capa de Big Data se suele utilizar Apache Kafka?

a) Capa de presentación.

b) Capa de ingestión.

c) Capa de almacenamiento.

d) Capa de análisis.

25. ¿Cuál es el propósito de la capa de visualización en Big Data?

A) Transforme los datos brutos en información procesable a través de gráficos y cuadros de mando.

B) Recopilar y almacenar grandes volúmenes de datos.

C) Procesar grandes conjuntos de datos en tiempo real.

D) Proporcionar un medio para acceder a los datos almacenados de forma segura.

26. ¿En qué nivel se clasifican herramientas como Apache, HBase y Cassandra en Big Data?

a) Capa de almacenamiento.

b) Capa de ingestión.

c) Capa de procesamiento.

d) Capa de visualización.

27. ¿En qué ayuda la capa de metadatos en Big Data?

A) Organizar y estructurar los datos para su análisis.

B) Proteger los datos contra el acceso no autorizado.

C) Almacenar grandes volúmenes de datos no estructurados.

D) Visualizar los datos para una mejor comprensión.

28. ¿Cómo se relaciona la capa de gobierno de datos con el Big Data?

A) Define cómo se procesan y analizan los datos.

B) Gestiona la calidad, la coherencia y la seguridad de los datos.

C) Facilita el almacenamiento de grandes volúmenes de datos.

D) Ofrece métodos para exportar datos a sistemas externos.

29. ¿Cuál es el enfoque de la capa de calidad de datos en Big Data?

A) Agregación y resumen de datos.

B) Verificación y corrección de los datos para garantizar su exactitud.

C) Optimización del almacenamiento para reducir los costes de infraestructura.

D) Desarrollo de interfaces de visualización interactiva.

30. ¿En qué capa de Big Data se encuentran los Data Lakes como herramienta principal?

a) Capa de visualización.

b) Capa de procesamiento.

c) Capa de ingestión.

d) Capa de almacenamiento.

31. ¿En qué capa se suele llevar a cabo el uso de Machine Learning en Big Data?

a) Capa de gobernanza.

b) Capa de calidad de datos.

c) Capa de análisis.

d) Capa de almacenamiento.

32. ¿Qué tipo de tecnología se suele aplicar en la capa de seguridad del Big Data para proteger los datos?

A) Cortafuegos y sistemas antivirus.

B) Herramientas de inteligencia de negocios.

C) Sistemas de gestión de bases de datos.

D) Encriptación y control de acceso.

33. ¿De qué es la principal responsable la capa de procesamiento de flujos en Big Data?

A) Mantener el historial de transacciones de datos.

B) Ofrecer una visualización en tiempo real de los datos para su análisis.

C) Procesar y analizar los datos en tiempo real a medida que se reciben.

D) Almacene los datos transaccionales para el acceso por lotes.

34. ¿Cuál es el propósito de la capa de ingesta en tiempo real en el ecosistema de Big Data?

A) Permitir que los datos se carguen por lotes para su análisis diario.

B) Recopilar flujos continuos de datos de múltiples fuentes para su procesamiento inmediato.

C) Proporcionar mecanismos para el cifrado de los datos en reposo.

D) Facilitar la organización y categorización de los metadatos.

35. ¿Qué proporciona la capa de catálogo de datos en la gestión de big data?

A) Interfaces de usuario para visualizar las tendencias de los datos.

B) Almacenamiento de datos históricos para comparación longitudinal.

C) Metadatos y contexto para la búsqueda y comprensión de datos.

D) Autenticación y autorización de los usuarios que acceden al sistema.

36. ¿En qué capa de Big Data se encuentran Apache Storm y Apache Samza?

a) Capa de visualización.

b) Capa de almacenamiento.

c) Capa de procesamiento de flujos.

d) Capa de ingestión.

37. ¿A qué concepto se asocia más la capa de computación distribuida en Big Data?

A) Estructura de datos altamente estandarizada.

B) Procesamiento paralelo de tareas complejas.

C) Visualización avanzada de datos con baja latencia.

D) Control de acceso basado en roles y auditoría completa.

38. ¿Qué capa de Big Data es responsable de crear políticas y procedimientos con respecto al uso y distribución de datos?

a) Capa de cumplimiento.

b) Capa de gobernanza.

c) Capa de calidad de los datos.

d) Capa de seguridad.

## 4.2    Respuestas..

1. c) Capa de ingesta de datos.

2. c) Capa de procesamiento.

3. c) Almacenar de forma segura y eficiente grandes volúmenes de datos.

4. b) Capa de gobernanza.

5. c) Capa de procesamiento en tiempo real.

6. a) Capa de Presentación y Visualización.

7. b) Capa de análisis.

8. b) Capa de indexación.

9. a) Capa de segmentación.

10. a) Capa de integración.

11. c) Capa de elección de procesamiento.

12. c) Proporciona información sobre los datos, ayudando en la organización, ubicación y comprensión de los datos.

13. a) Capa de seguridad.

14. b) Capa de procesamiento de eventos en tiempo real.

15. a) Coordinar la ejecución de tareas entre las distintas capas y servicios.

16. b) Interactuar con los datos a través de lenguajes de consulta como SQL.

17. d) Preparación de datos mediante extracción, transformación y carga en los sistemas de destino.

18. b) Capa de almacenamiento.

19. C) Introducción y recogida de datos de diversas fuentes.

20. b) Capa de almacenamiento.

21. a) Capa de procesamiento.

22. C) Frameworks de procesamiento a gran escala como Spark y Hadoop.

23. C) Garantiza que se pueda acceder a los datos de forma controlada y segura.

24. b) Capa de ingestión.

25. A) Transforme los datos brutos en información procesable a través de gráficos y cuadros de mando.

26. a) Capa de almacenamiento.

27. A) Organizar y estructurar los datos para su análisis.

28. B) Gestiona la calidad, la coherencia y la seguridad de los datos.

29. B) Verificación y corrección de los datos para garantizar su exactitud.

30. d) Capa de almacenamiento.

31. c) Capa de análisis.

32. D) Encriptación y control de acceso.

33. C) Procesar y analizar los datos en tiempo real a medida que se reciben.

34. B) Recopilar flujos continuos de datos de múltiples fuentes para su procesamiento inmediato.

35. C) Metadatos y contexto para la búsqueda y comprensión de datos.

36. c) Capa de procesamiento de flujos.

37. B) Procesamiento paralelo de tareas complejas.

38. b) Capa de gobernanza.

# 5   Almacenamiento de Big Data.

## 5.1   Preguntas.

1. ¿Cuál es el principal beneficio de usar un Data Lake para el almacenamiento de Big Data?

   A) Minimizar la latencia en la recuperación de datos.

   B) Estructurar los datos en esquemas definidos antes de su almacenamiento.

   C) Almacenar grandes volúmenes de datos no estructurados en su formato bruto.

   D) Aumentar la seguridad a través de sistemas avanzados de encriptación.

2. ¿Qué diferencia a un Data Warehouse de un Data Lake?

   A) Un Data Warehouse almacena los datos en formato bruto, mientras que un Data Lake utiliza los datos procesados.

   B) Un Data Warehouse es escalable horizontalmente, mientras que un Data Lake no lo es.

   C) Un Data Warehouse está orientado a consultas e informes, mientras que un Data Lake es ideal para almacenar grandes volúmenes de datos sin procesar.

   D) Un Data Warehouse es más adecuado para el almacenamiento de datos a largo plazo que un Data Lake.

3. ¿Qué característica es esencial para los sistemas de almacenamiento de big data?

A) Soporte para transacciones ACID (Atomicidad, Consistencia, Aislamiento, Durabilidad).

B) Alta verticalización para maximizar el rendimiento en servidores individuales.

C) Capacidad para procesar y almacenar datos de forma distribuida.

D) Enfoque exclusivo en datos estructurados.

4. Al considerar el almacenamiento de Big Data, el sistema de archivos distribuido de Hadoop (HDFS) está diseñado principalmente para:

A) Gestionar datos transaccionales con baja latencia.

B) Almacenar archivos pequeños y datos modificados con frecuencia.

C) Almacene grandes conjuntos de datos con alto rendimiento.

D) Facilitar el almacenamiento de datos relacionales y estructurados.

5. ¿Cuál es un ejemplo de almacenamiento basado en columnas utilizado en el contexto de Big Data?

A) MySQL.

B) MongoDB.

C) Casandra Apache.

D) PostgreSQL.

6. En el contexto del Big Data, ¿qué es la fragmentación en una base de datos?

A) Una técnica de copia de seguridad de datos críticos.

B) Una metodología para la normalización de datos.

C) El proceso de distribución de datos entre varias máquinas para mejorar el rendimiento.

D) Compresión de datos para ahorrar espacio de almacenamiento.

7. ¿Qué tecnología de almacenamiento es conocida por su uso de bloques de almacenamiento distribuidos y replicación de datos?

A) RDBMS.

B) HDFS.

C) NAS.

D) SAN.

8. ¿Amazon S3 es un ejemplo de qué tipo de servicio de almacenamiento de big data?

A) Almacenamiento de archivos.

B) Almacenamiento en bloque.

C) Almacenamiento de objetos.

D) Almacenamiento de datos relacionales.

9. ¿Qué atributo es el más importante a la hora de elegir una solución de almacenamiento para big data que necesita un análisis rápido?

A) Capacidad de almacenamiento.

B) Baja latencia de lectura/escritura.

C) Soporte para redundancia de datos.

D) Alta capacidad de IOPS (operaciones de entrada/salida por segundo).

10. En los sistemas de almacenamiento de Big Data, ¿qué es un "data lake" o Data Lake?

A) Una base de datos estructurada para consultas en lenguaje SQL.

B) Un repositorio centralizado que permite almacenar todo tipo de datos estructurados y no estructurados a escala.

C) Una estrategia de distribución de datos entre diferentes bases de datos.

D) Un sistema de gestión de bases de datos relacionales a gran escala.

11. ¿Qué es la compresión de datos en las soluciones de almacenamiento de Big Data?

A) Reducir el tiempo necesario para procesar los datos.

B) El aumento de la capacidad de almacenamiento al disminuir la cantidad de espacio que ocupan los datos.

C) Mejorar la seguridad de los datos, haciéndolos menos accesibles para usuarios no autorizados.

D) La ampliación del número de usuarios que pueden acceder a los datos simultáneamente.

12. ¿Por qué es importante contar con un motor de indexación eficiente en el almacenamiento de Big Data?

A) Optimizar el espacio de almacenamiento.

B) Para garantizar la seguridad de los datos.

C) Mejorar el rendimiento y la velocidad de las consultas.

D) Simplificar la gestión de usuarios y accesos.

13. En el contexto de Big Data, la redundancia de datos se utiliza principalmente para:

A) Aumentar la velocidad de procesamiento de las consultas.

B) Mejorar la eficiencia de la compresión de datos.

C) Proporcionar alta disponibilidad y tolerancia a fallos.

D) Reducir los costos totales de almacenamiento.

14. Además de la capacidad de almacenamiento, ¿qué es crucial tener en cuenta sobre el rendimiento de un almacenamiento para Big Data?

A) Consumo de energía.

B) Cantidad máxima de archivos que se pueden almacenar.

C) Velocidad de E/S y velocidades de transferencia de datos.

D) Facilidad de manejo y mantenimiento físico.

15. En términos de almacenamiento de Big Data, ¿qué es el escalado horizontal?

A) Aumentar el almacenamiento añadiendo más máquinas al clúster.

B) Ampliar el espacio de almacenamiento en una sola máquina.

C) Reducir el espacio de almacenamiento para aumentar la eficiencia.

D) Comprimir los datos horizontalmente para optimizar el espacio.

16. ¿Qué enfoque de almacenamiento se recomienda para big data que requiere procesamiento en tiempo real?

a) Almacenamiento de datos.

B) Archivos de sistema distribuidos.

C) Bases de datos en memoria.

D) Sistemas de archivos locales.

17. ¿Por qué razón la desnormalización es una técnica utilizada en los sistemas de almacenamiento de Big Data?

A) Asegurar la integridad referencial de los datos.

B) Disminuir la cantidad de espacio utilizado por el almacenamiento.

C) Simplificar las consultas y mejorar el rendimiento lector.

D) Reforzar la seguridad de los datos sensibles.

18. ¿Cómo afecta la tecnología de virtualización al almacenamiento de big data?

A) Permite la creación de almacenamiento compartido, fácilmente escalable y gestionable.

B) Disminuye drásticamente la capacidad de almacenamiento disponible.

C) Aumenta la dependencia del hardware físico para el almacenamiento de datos.

D) Compromete la velocidad de procesamiento debido a la sobrecarga operativa.

## 5.2    Respuestas.

1. C) Almacenar grandes volúmenes de datos no estructurados en su formato bruto.

2. C) Un Data Warehouse está orientado a consultas e informes, mientras que un Data Lake es ideal para almacenar grandes volúmenes de datos brutos

3. C) Capacidad para procesar y almacenar datos de forma distribuida.

4. C) Almacene grandes conjuntos de datos con alto rendimiento.

5. C) Apache Cassandra.

6. C) El proceso de distribución de datos entre varias máquinas para mejorar el rendimiento.

7. B) HDFS.

8. C) Almacenamiento de objetos.

9. B) Baja latencia de lectura/escritura.

10. B) Un repositorio centralizado que permite almacenar todo tipo de datos estructurados y no estructurados a escala.

11. B) El aumento de la capacidad de almacenamiento al disminuir la cantidad de espacio que ocupan los datos.

12. C) Mejorar el rendimiento y la velocidad de las consultas.

13. C) Proporcionar alta disponibilidad y tolerancia a fallos.

14. C) Velocidad de E/S y velocidades de transferencia de datos.

15. A) Aumentar el almacenamiento añadiendo más máquinas al clúster.

16. C) Bases de datos en memoria.

17. C) Simplificar las consultas y mejorar el rendimiento lector.

18. A) Permite la creación de almacenamiento compartido, fácilmente escalable y gestionable.

# 6 Inteligencia de Negocios y Big Data.

## 6.1 Preguntas.

1. ¿Qué es Business Intelligence (BI)?

   a) Una técnica de marketing digital.

   b) El proceso de recopilación, procesamiento y análisis de grandes conjuntos de datos.

   c) Un conjunto de tecnologías, procesos y prácticas que transforman los datos en información significativa y útil para fines empresariales.

   d) Una nueva tendencia en redes sociales dirigida a las empresas.

2. ¿Cuáles son las cuatro V del Big Data?

   a) Volumen, Velocidad, Variedad, Veracidad.b) Velocidad, Volumen, Variedad, Verificación.c) Variabilidad, Velocidad, Veracidad, Validez.d) Veracidad, Variedad, Velocidad, Volumen.

3. ¿Para qué suelen utilizar las empresas las herramientas de BI?

   a) Para aumentar su presencia en las redes sociales.

   b) Tomar decisiones basadas en datos para mejorar el rendimiento del negocio.

   c) Solo para almacenar datos de clientes y ventas.

   d) Automatizar los procesos productivos en las fábricas.

4. ¿Cuál es el papel del Data Warehouse en un sistema de BI?

a) Proteger los datos de los ciberataques.

b) Actuar como una base centralizada donde se almacenan y consultan los datos.

c) Realizar análisis de sentimiento en redes sociales.

d) Servir de sustituto de las bases de datos operativas.

5. ¿Qué es la Minería de Datos en relación al Big Data?

a) El proceso de destrucción segura de datos digitales.

b) La exploración y el análisis de grandes conjuntos de datos para descubrir patrones y conocimientos útiles.

c) El cifrado de los datos por motivos de seguridad.

d) Extracción de datos personales para actividades de marketing.

6. ¿Qué es un cuadro de mando en términos de Business Intelligence?

a) Un cuadro de mando visual que presenta las métricas clave y los indicadores clave de rendimiento (KPI) para el análisis y la toma de decisiones.

b) Una herramienta para reparar bases de datos corruptas.

c) Un tipo de software de firewall utilizado en BI.

d) Un sistema operativo especializado en el análisis de datos.

7. ¿Cuál es el objetivo principal de la analítica predictiva en el contexto de Big Data?

a) Predecir el comportamiento futuro con base en datos históricos.

b) Recordar eventos pasados de una organización.

c) Clasificar los datos para organizar mejor el almacenamiento.

d) Identificar qué software de BI es el mejor para la empresa.

8. ¿Cómo impacta el Internet de las Cosas (IoT) en el Big Data?

a) Creciente preocupación por la seguridad en línea.

b) Reducir el coste de los sensores y dispositivos conectados.

c) Generar una cantidad masiva y continua de datos a partir de los dispositivos conectados.

d) Disminuir el volumen total de datos generados globalmente.

9. ¿Qué técnica se utiliza habitualmente para realizar análisis complejos de Big Data?

a) Algoritmo simplex.

b) Análisis DAFO.

c) Aprendizaje automático.

d) Análisis de Regresión Lineal Simple.

10. ¿En qué consiste el proceso ETL en el contexto del Business Intelligence?

a) Exportar, Transformar, Cargar - Exportar, Transformar y Subir datos a la nube.

b) Extracción, transformación, carga - Extracción, transformación y carga de datos de varias fuentes a un repositorio central.

c) Cifrar, Traducir, Vincular - Cifrar, traducir y vincular datos por motivos de seguridad.

d) Evaluar, Probar, Lanzar - Evaluar, Probar y Lanzar nuevas campañas de marketing.

11. ¿Qué tipo de tecnología es fundamental para el procesamiento rápido de Big Data?

a) CPU de alta velocidad.

b) Robótica Avanzada.

c) Procesamiento en memoria.

d) Fibra óptica.

12. ¿Cuál de los siguientes es un ejemplo de una herramienta de visualización de datos utilizada en BI?

a) Adobe Illustrator.

b) Microsoft Excel.

c) Tablero.

d) Bloc de notas++.

13. ¿Cuál es el principal beneficio de integrar Big Data y BI para las empresas?

a) Aumentar el volumen de correos electrónicos de marketing enviados.

b) Reducir los costos de publicidad.

c) Obtener insights profundos que ayuden en la toma de decisiones estratégicas.

d) Simplificar el reclutamiento y selección de personal.

14. ¿Qué enfoque es el más apropiado para almacenar y analizar datos no estructurados en Big Data?

a) Bases de datos relacionales.

b) Hojas de cálculo electrónicas.

c) Sistemas tradicionales de gestión de archivos.

d) Bases de datos NoSQL.

15. ¿Qué es un Data Lake en el contexto del Big Data?

a) Un repositorio que almacena datos en su formato bruto, incluidos datos estructurados, no estructurados y semiestructurados.

b) Un conjunto de herramientas de seguridad de datos.

c) una infraestructura de comunicación para datos en tiempo real.

d) Una tecnología de visualización de datos.

16. ¿Cómo afecta la calidad de los datos a las iniciativas de inteligencia empresarial?

a) No tiene ningún efecto, ya que las herramientas de BI pueden solucionar automáticamente cualquier problema.

b) La calidad de los datos es la base para obtener información precisa y tomar decisiones fiables, lo que repercute directamente en el éxito de las iniciativas de BI.

c) Solo influye en el tiempo necesario para procesar los datos, pero no en la precisión de los insights.

d) La calidad de los datos solo es importante para las industrias reguladas, como las finanzas y la atención médica.


17. ¿Qué es el procesamiento de flujos en Big Data?

a) Una técnica para procesar transacciones financieras.

b) El tratamiento de los datos de red de una organización.

c) El análisis de los datos en tiempo real a medida que se generan, comúnmente utilizados para monitorear y reaccionar a eventos en vivo.

d) Una metodología para la planificación de estrategias de contenido en medios digitales.

18. ¿Qué son los KPI en el contexto del Business Intelligence?

a) Indicadores clave de rendimiento: indicadores clave de rendimiento utilizados para medir el éxito de las actividades de una empresa.

b) Indicadores clave de privacidad: indicadores clave de privacidad utilizados en la gestión de datos.

c) Iniciativas clave de procesos: iniciativas clave para el procesamiento de datos en BI.

d) Ideas clave de proyectos - Ideas principales para proyectos en Big Data.

19. ¿Qué diferenciaría más eficazmente un lago de datos de un almacén de datos?

a) Los Data Lakes almacenan principalmente datos estructurados, mientras que los Data Warehouses almacenan datos no estructurados.

b) Los Data Lakes son más antiguos y menos flexibles que los Data Warehouses.

c) Los Data Lakes almacenan grandes volúmenes de datos brutos y sin procesar, mientras que los Data Warehouses almacenan datos procesados y estructurados.

d) Los Data Warehouses están exclusivamente basados en la nube, mientras que los Data Lakes no lo están.

20. ¿Cuál de las siguientes opciones describe mejor el término "Gobernanza de Datos"?

a) La eliminación de datos innecesarios en los sistemas informáticos.

b) La administración y gestión de los datos corporativos para garantizar la alta calidad y seguridad de los datos.

c) La gobernanza o legislación creada por las entidades de datos para regular el uso de internet.

d) La presidencia o el cargo más alto en una organización de TI centrada en datos.

21. ¿Qué funcionalidades ofrecen las herramientas de BI para ayudar en la toma de decisiones?

a) Generación automática de código de software para su uso en otras aplicaciones.

b) Soporte exclusivamente para la atención al cliente y la gestión de ventas.

c) Recursos de análisis y visualización de datos, que faciliten la interpretación y comprensión de la información.

d) Proyección financiera a largo plazo basada en modelos económicos globales.

22. ¿Cuál es el significado de OLAP en el contexto de Business Intelligence?

a) Procesamiento Analítico Online, que permite el análisis de datos complejos desde múltiples perspectivas.

b) Procedimientos algorítmicos en línea: procedimientos algorítmicos en línea, referidos a la codificación de datos.

c) Plan de Evaluación de la Logística Operativa - Plan de Evaluación de la Logística Operativa, utilizado en la gestión de la cadena de suministro.

d) Panel Asesor Jurídico Oficial - Panel Asesor Jurídico Oficial en materia de Big Data.

23. ¿Qué metodología se asocia a menudo con el Big Data para producir información rápida y eficiente a partir de grandes conjuntos de datos?

a) Cascada.

b) Scrum.

c) MapaReducir.

d) Six Sigma.

24. ¿Cuál de las siguientes es una tendencia actual en Business Intelligence?

a) Disminución del uso de cuadros de mando en favor de informes impresos.

b) El uso cada vez mayor de la inteligencia artificial y el aprendizaje automático para mejorar el análisis de datos.

c) Reducción de la importancia de los datos no estructurados.

d) El movimiento para eliminar la analítica predictiva de las prácticas empresariales.

25. En Big Data, ¿qué es Hadoop?

a) Un tipo de base de datos optimizada para el procesamiento de transacciones en línea.

b) Una herramienta interactiva de visualización de datos.

c) Una infraestructura de software que permite el procesamiento distribuido de grandes conjuntos de datos.

d) Un algoritmo avanzado para encriptar datos sensibles.

26. ¿Por qué es importante el gobierno de datos en Big Data?

a) Porque garantiza que los datos se utilicen de forma ética, transparente y en cumplimiento de la ley.

b) Solo para reducir el tamaño de los datos almacenados.

c) Aumentar la velocidad de Internet utilizada por la empresa.

d) Es una práctica innecesaria ya que el Big Data se ocupa exclusivamente de grandes volúmenes de datos.

27. ¿Cuáles son los beneficios de usar plataformas de BI en la nube?

a) Aumento de la necesidad de mantenimiento del hardware.

b) Escalabilidad flexible, fácil acceso y potencial reducción de costos operativos.

c) Conexiones más lentas debido a la dependencia de Internet.

d) Más vulnerable a los ciberataques que las soluciones on-premise.

28. ¿Qué representa el término "datos semiestructurados" en Big Data?

a) Datos que se almacenan en un formato tabular rígido.

b) Datos que no tienen ningún tipo de estructura definida y son completamente aleatorios.

c) Datos que no estén en forma de base de datos tradicional, pero que tengan alguna estructura organizativa, facilitando su análisis.

d) Datos que han sido parcialmente procesados pero que no están listos para ser analizados.

## 6.2    Respuestas.

1. c) Un conjunto de tecnologías, procesos y prácticas que transforman los datos en información significativa y útil para fines empresariales.

2. a) Volumen, Velocidad, Variedad, Veracidad.

3. b) Tomar decisiones basadas en datos para mejorar el rendimiento del negocio.

4. b) Actuar como una base centralizada donde se almacenan y consultan los datos.

5. b) La exploración y el análisis de grandes conjuntos de datos para descubrir patrones y conocimientos útiles.

6. a) Un cuadro de mando visual que presenta las métricas clave y los indicadores clave de rendimiento (KPI) para el análisis y la toma de decisiones.

7. a) Predecir el comportamiento futuro con base en datos históricos.

8. c) Generar una cantidad masiva y continua de datos a partir de los dispositivos conectados.

9. c) Aprendizaje automático.

10. b) Extracción, transformación, carga - Extracción, transformación y carga de datos de varias fuentes a un repositorio central.

11. c) Procesamiento en memoria.

12. c) Tablero.

13. c) Obtener insights profundos que ayuden en la toma de decisiones estratégicas.

14. d) Bases de datos NoSQL.

15. a) Un repositorio que almacena datos en su formato bruto, incluidos datos estructurados, no estructurados y semiestructurados.

16. b) La calidad de los datos es la base para obtener información precisa y tomar decisiones fiables, lo que repercute directamente en el éxito de las iniciativas de BI.

17. c) El análisis de los datos en tiempo real a medida que se generan, comúnmente utilizados para monitorear y reaccionar a eventos en vivo.

18. a) Indicadores clave de rendimiento: indicadores clave de rendimiento utilizados para medir el éxito de las actividades de una empresa.

19. c) Los Data Lakes almacenan grandes volúmenes de datos brutos y sin procesar, mientras que los Data Warehouses almacenan datos procesados y estructurados.

20. b) La administración y gestión de los datos corporativos para garantizar la alta calidad y seguridad de los datos.

21. c) Recursos de análisis y visualización de datos, que faciliten la interpretación y comprensión de la información.

22. a) Procesamiento Analítico Online, que permite el análisis de datos complejos desde múltiples perspectivas.

23. c) MapReduce

24. b) El uso cada vez mayor de la inteligencia artificial y el aprendizaje automático para mejorar el análisis de datos.

25. c) Una infraestructura de software que permite el procesamiento distribuido de grandes conjuntos de datos.

26. a) Porque garantiza que los datos se utilicen de forma ética, transparente y en cumplimiento de la ley.

27. b) Escalabilidad flexible, fácil acceso y potencial reducción de costos operativos.

28. c) Datos que no estén en forma de base de datos tradicional, pero que tengan alguna estructura organizativa, facilitando su análisis.

# 7 Computación en la nube y Big Data.

## 7.1 Preguntas.

1. ¿Qué es la computación en la nube?

a) La práctica de utilizar servidores remotos alojados en Internet para almacenar, gestionar y procesar datos.

b) Software avanzado que limpia y organiza grandes volúmenes de datos.

c) Un tipo de computación que se basa únicamente en hardware local.

d) La técnica de extracción de datos directamente de las nubes atmosféricas mediante satélites.

2. ¿Cuál es el modelo de servicio de computación en la nube que proporciona una plataforma para desarrollar, probar y administrar aplicaciones de software?

a) Infraestructura como Servicio (IaaS).

b) Plataforma como servicio (PaaS).

c) Software como servicio (SaaS).

d) Base de datos como servicio (DBaaS).

3. En cuanto al Big Data, ¿qué permite el procesamiento de datos en el Cloud Computing?

   a) Menos espacio de almacenamiento de datos que en los centros de datos locales.

   b) Mayores restricciones al acceso y uso de los datos.

   c) Capacidad para procesar y analizar grandes conjuntos de datos de manera escalable y eficiente.

   d) Tratamiento de datos únicamente en horas punta.

4. ¿Qué es la elasticidad en la computación en la nube?

   a) La resistencia de los servidores en la nube a los ciberataques.

   b) La capacidad de aumentar o disminuir los recursos computacionales proporcionados en función de la demanda.

   c) La flexibilidad de los contratos de servicios con los proveedores de servicios en la nube.

   d) La capacidad de ampliar físicamente la infraestructura del centro de datos.

5. ¿Cómo se beneficia específicamente el Big Data de la alta capacidad de almacenamiento del Cloud Computing?

   a) Permite almacenar grandes bibliotecas virtuales de contenidos multimedia.

b) Facilita la creación de copias de seguridad locales de datos críticos.

c) Permite el almacenamiento y análisis de grandes volúmenes de datos sin necesidad de invertir en hardware propio.

d) Reduce exclusivamente el costo asociado al almacenamiento físico de los documentos.

6. ¿Cuál de los siguientes es un beneficio clave de integrar Big Data con Cloud Computing?

a) Necesidad de más especialistas en TI para gestionar el sistema.

b) Baja escalabilidad y flexibilidad de los recursos.

c) Acceso facilitado y colaboración en tiempo real en grandes conjuntos de datos.

d) Mayor riesgo de ataques de denegación de servicio.

7. ¿Qué tipo de tecnología de Cloud Computing es la más adecuada para trabajar con Big Data?

a) Tecnologías enfocadas al almacenamiento en cinta de copia de seguridad.

b) Servicios en la nube que se especializan en el alojamiento de sitios web estáticos.

c) Infraestructura como servicio que ofrece procesamiento y almacenamiento escalables.

d) Plataformas que solo ofrecen servicios de correo corporativo.

8. ¿Cómo ayudan los servicios de Cloud Computing en el procesamiento analítico de Big Data?

a) Limitar el tratamiento únicamente a los datos estructurados.

b) Ofrecer herramientas avanzadas de análisis y aprendizaje automático que puedan escalar según sea necesario.

c) Proporcionar el procesamiento exclusivamente fuera de línea.

d) Procesar grandes cantidades de datos en dispositivos móviles.

9. ¿Cuál es la principal diferencia entre el Cloud Computing y la computación tradicional en el contexto del Big Data?

a) La computación en la nube requiere una mayor inversión inicial en hardware y software que la computación tradicional.

b) La computación tradicional es inherentemente más segura que la computación en la nube.

c) La computación en la nube ofrece una mayor escalabilidad, elasticidad y eficiencia de costos para administrar Big Data que las soluciones tradicionales de computación en las instalaciones.

d) La computación tradicional soporta una mayor cantidad de procesamiento en tiempo real que la computación en la nube.

10. ¿Cómo afecta la computación en la nube a la privacidad de los datos cuando se utiliza para Big Data?

a) Elimina todos los riesgos asociados a la privacidad de los datos, gracias a tecnologías de encriptación avanzadas.

b) La centralización de los datos en los servidores en la nube puede aumentar la vulnerabilidad y los desafíos relacionados con la gestión de la privacidad de los datos.

c) No afecta a la privacidad de los datos, ya que las leyes de privacidad son coherentes en todas las plataformas y tecnologías.

d) Aumenta la privacidad porque los datos no están físicamente presentes en un lugar.

11. ¿Qué característica de la computación en la nube permite la rápida implementación de Big Data Analytics?

a) La estandarización del hardware utilizado.

b) La capacidad de almacenar datos localmente y evitar la nube.

c) El uso exclusivo de software libre (código abierto).

d) Los servicios en la nube suelen ofrecer recursos informáticos bajo demanda y aprovisionamiento automático.

12. ¿Qué es la gravedad de los datos en el contexto de la computación en la nube y el Big Data?

a) Es la tendencia de los grandes conjuntos de datos a atraer aplicaciones, servicios y otros datos.

b) Es el fenómeno de reducir la velocidad de transferencia de datos debido a su gran tamaño.

c) Es una ley de protección de datos que se aplica a los datos almacenados en la nube.

d) Es una herramienta de BI que ayuda a visualizar la distribución de los centros de datos globales.

13. ¿Cuál es el papel de los contenedores en el contexto del Cloud Computing para la gestión de Big Data?

a) Se utilizan exclusivamente para el cifrado de datos almacenados en la nube.

b) Proporcionan una forma estandarizada de empaquetar el código de la aplicación y sus dependencias para garantizar que el software se ejecute de forma coherente en cualquier entorno informático.

c) Los contenedores se utilizan para el almacenamiento físico de la copia de seguridad de los datos.

d) Son una nueva forma de procesadores dedicados al análisis de Big Data.

14. ¿Qué significa el término "DevOps" en Cloud Computing?

a) Un nuevo protocolo de ciberseguridad.

b) Una técnica de desarrollo que involucra operaciones de ingeniería inversa de software.

c) Un conjunto de prácticas que combina el desarrollo de software (Dev) y las operaciones de TI (Ops) destinadas a acortar el ciclo de vida del desarrollo de sistemas y proporcionar una entrega continua de alta calidad.

d) Un nuevo lenguaje de programación optimizado para Big Data en la nube.

15. En términos de Cloud Computing, ¿qué es el 'Escalado Horizontal'?

a) Agregue más máquinas a su grupo de recursos.

b) Aumentar la capacidad de una sola máquina, como más CPU o memoria.

c) Reducir la cantidad de recursos para reducir costos.

d) distribuir los datos de manera equitativa entre las diferentes ubicaciones geográficas.

16. ¿Qué es una CDN en el contexto de la computación en la nube?

a) Nodo central de datos: un nodo central de datos utilizado para el almacenamiento primario.

b) Compute Delivery Network - Una red diseñada para proporcionar capacidades computacionales.

c) Red de entrega de contenido: una red distribuida de servidores que entregan páginas web y otros contenidos en función de la ubicación geográfica del usuario.

d) Negociación de datos en la nube: una estrategia para negociar espacios de almacenamiento en la nube.

17. ¿Cuál es el papel de Apache Spark en el procesamiento de Big Data en entornos de Cloud Computing?

a) Sirve como plataforma principal para alojar sitios web y servicios de Internet.

b) Funciona exclusivamente como un servicio de correo electrónico en la nube para grandes corporaciones.

c) Actúa como un sistema de gestión de bases de datos SQL distribuidas.

d) Es un motor de procesamiento analítico rápido que proporciona operaciones en tiempo real y por lotes para procesar grandes volúmenes de datos.

18. ¿Cómo beneficia el modelo de pago por uso a los usuarios de computación en la nube que trabajan con big data?

a) Permite a los usuarios pagar por el almacenamiento y procesamiento de datos solo durante el tiempo que están fuera de línea.

b) Hace más restrictivo y encarecido el acceso a la computación en la nube.

c) Proporciona la flexibilidad de pagar solo por los recursos informáticos realmente utilizados, lo que hace que la gestión de Big Data sea más rentable.

d) Ofrece capacitación gratuita y persistente en habilidades en la nube a todas las organizaciones.

19. ¿Cuál es el principal beneficio de la automatización de la infraestructura en Cloud Computing?

a) Aumenta la necesidad de intervención manual en la configuración de los sistemas.

b) Disminuye la eficiencia energética de los centros de datos.

c) Proporciona consistencia y eficiencia en la provisión de recursos y en la gestión de los entornos.

d) Limita la cantidad de datos que pueden ser procesados al mismo tiempo.

20. ¿Cuál es el propósito de la tenencia múltiple en la computación en la nube?

a) Proporcionar a cada cliente una única instancia privada de software en la nube.

b) Permitir que varios usuarios compartan la misma aplicación o infraestructura de forma segura y eficiente, garantizando la separación de datos.

c) Restringir el acceso a la infraestructura de la nube a un solo inquilino.

d) Duplicar datos en múltiples instancias para crear redundancia.

21. ¿Qué significa el enfoque de Serverless Computing en Cloud Computing?

a) Elimina por completo la necesidad de servidores para ejecutar aplicaciones.

b) Pone la gestión y mantenimiento de los servidores bajo la responsabilidad del usuario.

c) Es una arquitectura de computación en la nube en la que el proveedor de la nube gestiona la asignación de recursos del servidor de forma dinámica.

d) Significa que todos los servidores son físicos y no virtuales.

22. ¿Qué contribución hace Kubernetes a la computación en la nube?

a) Proporciona un servicio de correo electrónico empresarial seguro en la nube.

b) Actúa como marco para el desarrollo de aplicaciones móviles basadas en la nube.

c) Es un sistema de gestión de contenedores de código abierto que automatiza el despliegue, el escalado y la operación de aplicaciones en contenedores.

d) Sirve como plataforma para juegos en línea de alto rendimiento.

23. En el contexto de la computación en la nube, ¿qué es "FaaS"?

a) FaaS es el acrónimo de "Fabric as a Service", que es una plataforma de comercio electrónico para comprar y vender telas en línea.

b) FaaS significa "Firewall as a Service", refiriéndose a los servicios de seguridad de red basados en la nube.

c) FaaS, o "Function as a Service", es un tipo de servicio en la nube que permite a los desarrolladores ejecutar fragmentos de código en respuesta a eventos sin la complejidad de construir y mantener la infraestructura.

d) FaaS es el acrónimo de "Finance as a Service", que indica una plataforma de servicios financieros totalmente operada por la nube.

24. ¿Cuál es el objetivo principal de la analítica de Big Data en la nube?

a) Almacenar solo grandes volúmenes de datos para futuras referencias.

b) Proporcionar un método para hacer una copia de seguridad de los datos de forma redundante.

c) Liberar recursos locales trasladando grandes volúmenes de procesamiento de datos a la nube.

d) Analizar grandes conjuntos de datos complejos para descubrir patrones, tendencias y asociaciones, particularmente relacionados con el comportamiento y las interacciones humanas.

25. ¿Qué es un almacén de datos en la nube?

a) Un dispositivo físico que almacena grandes cantidades de datos de la empresa.

b) Una herramienta de gestión que ayuda a organizar los equipos de TI.

c) Un servicio de computación en la nube utilizado para el almacenamiento y análisis de datos comerciales a gran escala.

d) Una red privada virtual utilizada exclusivamente para la transmisión de datos entre diferentes centros de datos.

26. ¿Cuál es la ventaja de utilizar sistemas NoSQL en entornos Big Data en la Nube?

a) Ofrecer limitaciones estrictas sobre cómo se ingresan y recuperan los datos.

b) Son particularmente útiles para procesar y almacenar datos transaccionales simples.

c) Están optimizados para manejar datos altamente estructurados de manera más eficiente que las bases de datos SQL.

d) Están diseñados para escalar horizontalmente y manejar una amplia variedad de tipos de datos, incluidos datos no estructurados y semiestructurados.

27. En el contexto de la nube y el Big Data, ¿qué es la virtualización de datos?

a) Un tipo de tecnología de almacenamiento que crea versiones virtuales de datos a partir de múltiples fuentes.

b) La práctica de utilizar múltiples antivirus para escanear datos en la nube.

c) Una técnica de compresión de datos que reduce el espacio requerido para el almacenamiento en la nube.

d) El proceso de organizar y entregar datos en tiempo real de diferentes fuentes, como si estuvieran en un solo lugar, sin necesidad de replicación física.

28. ¿Qué significa el enfoque híbrido en Cloud Computing?

a) Utilizar servidores híbridos que funcionen tanto con electricidad como con energía solar.

b) Integrar diferentes modelos de nube, como la privada y la pública, para aprovechar cada uno de ellos según sea necesario.

c) Cambiar entre proveedores de nube en función de las fluctuaciones en los precios de los servicios.

d) Utilizar software que pueda ser alojado tanto localmente como en la nube simultáneamente.

29. ¿Qué es un clúster en Cloud Computing?

a) Un conjunto estandarizado de instrucciones de seguridad de datos.

b) Un único servidor en la nube que gestiona una gran cantidad de datos sin ayuda.

c) Un grupo de centros de datos ubicados geográficamente cerca uno del otro para reducir la latencia.

d) Un conjunto de servidores interconectados que trabajan juntos para tratar como una sola entidad para proporcionar alta disponibilidad, escalabilidad y resistencia.

30. ¿Cuál es un ejemplo común de IaaS?

a) Un servicio de colaboración y compartición de archivos en línea.

b) Una plataforma de desarrollo integrada en la nube para la programación.

c) Un proveedor de servicios que ofrece máquinas virtuales accesibles a través de Internet.

d) Un software como servicio de procesamiento de textos y hojas de cálculo.

31. ¿Qué aspecto del Big Data puede mejorar significativamente la computación en la nube?

a) La complejidad de los datos, lo que hace que su análisis sea más complicado.

b) Latencia de la red en las transferencias de datos debido al aumento del tráfico.

c) La escalabilidad de las operaciones, permitiendo el almacenamiento y análisis de grandes volúmenes de datos.

d) La intervención manual necesaria para el mantenimiento de la base de datos.

32. ¿Cómo facilita la computación en la nube las operaciones de ciencia de datos y análisis de big data?

a) Proporciona una plataforma única para todas las formas de medios digitales.

b) Permite la creación rápida de prototipos y la experimentación debido a la provisión de funciones bajo demanda.

c) Restringe el intercambio de datos entre científicos de datos para proteger la propiedad intelectual.

d) Obliga a utilizar un único lenguaje de programación para estandarizar el código.

33. En Cloud Computing, ¿qué se considera "Cold Data"?

a) Datos que se almacenan en servidores ubicados en climas fríos para una mejor eficiencia energética.

b) Datos a los que rara vez se accede o se modifican, generalmente almacenados para cumplir con las regulaciones o para fines a largo plazo.

c) Información sensible que haya sido encriptada y almacenada por separado.

d) Datos que se están procesando activamente y requieren enfriamiento constante.

34. ¿Cuál es el impacto de la computación en la nube en la sostenibilidad del Big Data?

a) La computación en la nube generalmente reduce el consumo de energía al centralizar los recursos en centros de datos eficientes, beneficiando las operaciones sostenibles de Big Data.

b) La computación en la nube intensifica el consumo de energía debido al aumento de la demanda de centros de datos.

c) La computación en la nube no afecta de ninguna manera a la sostenibilidad del Big Data; Son zonas totalmente independientes.

d) La computación en la nube disminuye la sostenibilidad al aumentar la dependencia de recursos físicos como discos duros y servidores.

35. ¿Qué es el edge computing en relación con el Big Data y el Cloud Computing?

a) Un nuevo método para desarrollar interfaces gráficas de usuario en la nube.

b) La tendencia a construir sistemas de procesamiento de datos cerca del "borde" de la red, donde se generan los datos, en lugar de en centros de datos centralizados.

c) Un modelo de computación que se relaciona con la computación en tiempo real en juegos en línea.

d) La terminología utilizada para describir el tratamiento de datos únicamente durante las horas de menor actividad.

## 7.2    Respuestas.

1. a) La práctica de utilizar servidores remotos alojados en Internet para almacenar, gestionar y procesar datos.

2. b) Plataforma como servicio (PaaS).

3. c) Capacidad para procesar y analizar grandes conjuntos de datos de manera escalable y eficiente.

4. b) La capacidad de aumentar o disminuir los recursos computacionales proporcionados en función de la demanda.

5. c) Permite el almacenamiento y análisis de grandes volúmenes de datos sin necesidad de invertir en hardware propio.

6. c) Acceso facilitado y colaboración en tiempo real en grandes conjuntos de datos.

7. c) Infraestructura como servicio que ofrece procesamiento y almacenamiento escalables.

8. b) Ofrecer herramientas avanzadas de análisis y aprendizaje automático que puedan escalar según sea necesario.

9. c) La computación en la nube ofrece una mayor escalabilidad, elasticidad y eficiencia de costos para administrar Big Data que las soluciones tradicionales de computación en las instalaciones.

10. b) La centralización de los datos en los servidores en la nube puede aumentar la vulnerabilidad y los desafíos relacionados con la gestión de la privacidad de los datos.

11. d) Los servicios en la nube suelen ofrecer recursos informáticos bajo demanda y aprovisionamiento automático.

12. a) Es la tendencia de los grandes conjuntos de datos a atraer aplicaciones, servicios y otros datos.

13. b) Proporcionan una forma estandarizada de empaquetar el código de la aplicación y sus dependencias para garantizar que el software se ejecute de forma coherente en cualquier entorno informático.

14. c) Un conjunto de prácticas que combina el desarrollo de software (Dev) y las operaciones de TI (Ops) destinadas a acortar el ciclo de vida del desarrollo de sistemas y proporcionar una entrega continua de alta calidad.

15. a) Agregue más máquinas a su grupo de recursos.

16. c) Red de entrega de contenido: una red distribuida de servidores que entregan páginas web y otros contenidos en función de la ubicación geográfica del usuario.

17. d) Es un motor de procesamiento analítico rápido que proporciona operaciones en tiempo real y por lotes para procesar grandes volúmenes de datos.

18. c) Proporciona la flexibilidad de pagar solo por los recursos informáticos realmente utilizados, lo que hace que la gestión de Big Data sea más rentable.

19. c) Proporciona consistencia y eficiencia en la provisión de recursos y en la gestión de los entornos.

20. b) Permitir que varios usuarios compartan la misma aplicación o infraestructura de forma segura y eficiente, garantizando la separación de datos.

21. c) Es una arquitectura de computación en la nube en la que el proveedor de la nube gestiona la asignación de recursos del servidor de forma dinámica.

22. c) Es un sistema de gestión de contenedores de código abierto que automatiza el despliegue, el escalado y la operación de aplicaciones en contenedores.

23. c) FaaS, o "Function as a Service", es un tipo de servicio en la nube que permite a los desarrolladores ejecutar tres

24. d) Analizar grandes conjuntos de datos complejos para descubrir patrones, tendencias y asociaciones, particularmente relacionados con el comportamiento y las interacciones humanas.

25. c) Un servicio de computación en la nube utilizado para el almacenamiento y análisis de datos comerciales a gran escala.

26. d) Están diseñados para escalar horizontalmente y manejar una amplia variedad de tipos de datos, incluidos datos no estructurados y semiestructurados.

27. d) El proceso de organizar y entregar datos en tiempo real de diferentes fuentes, como si estuvieran en un solo lugar, sin necesidad de replicación física.

28. b) Integrar diferentes modelos de nube, como la privada y la pública, para aprovechar cada uno de ellos según sea necesario.

29. d) Un conjunto de servidores interconectados que trabajan juntos para tratar como una sola entidad para proporcionar alta disponibilidad, escalabilidad y resistencia.

30. c) Un proveedor de servicios que ofrece máquinas virtuales accesibles a través de Internet.

31. c) La escalabilidad de las operaciones, permitiendo el almacenamiento y análisis de grandes volúmenes de datos.

32. b) Permite la creación rápida de prototipos y la experimentación debido a la provisión de funciones bajo demanda.

33. b) Datos a los que rara vez se accede o se modifican, generalmente almacenados para cumplir con las regulaciones o para fines a largo plazo.

34. a) La computación en la nube generalmente reduce el consumo de energía al centralizar los recursos en centros de datos eficientes, beneficiando las operaciones sostenibles de Big Data.

35. b) La tendencia a construir sistemas de procesamiento de datos cerca del "borde" de la red, donde se generan los datos, en lugar de en centros de datos centralizados.

# 8  Virtualización de aplicaciones.

## 8.1    Preguntas.

1. ¿Qué es la virtualización de aplicaciones en el contexto del Big Data?

   a) Es la práctica de utilizar aplicaciones físicas dedicadas para procesar Big Data.

   b) Se refiere al uso de aplicaciones móviles para manipular y analizar grandes conjuntos de datos.

   c) Es el proceso de ejecutar una aplicación en un entorno virtual en lugar de en la infraestructura física subyacente.

   d) Es una técnica de codificación que permite la integración de Big Data en aplicaciones de software.


2. ¿Cómo puede beneficiar la virtualización de aplicaciones al análisis de big data?

   a) Reduciendo la diversidad y complejidad de los datos antes del análisis.

   b) Permitir que diferentes aplicaciones de análisis de datos se ejecuten simultáneamente en un entorno compartido sin conflictos.

   c) Concentrar todos los datos en un único servidor físico para su análisis.

   d) Aumento de la latencia en la comunicación de datos, lo que mejora la calidad del análisis.

3. ¿Cuál es el principal beneficio de la virtualización de aplicaciones para las empresas que manejan big data?

a) Permite ciclos de lanzamiento de software más largos.

b) Garantiza una mayor utilización del hardware al permitir que múltiples aplicaciones se ejecuten en un solo conjunto de recursos físicos.

c) Garantiza que no se pueda acceder a los datos fuera de las oficinas de la empresa.

d) Reduce el tamaño de los conjuntos de datos para que puedan ser procesados por aplicaciones más antiguas.

4. ¿A qué retos se puede enfrentar la virtualización de aplicaciones en Big Data?

a) No hay desafíos, ya que la virtualización simplifica todos los aspectos de la gestión de TI.

b) Puede haber un aumento en el rendimiento de los análisis debido a la sobrecarga impuesta por la virtualización.

c) La virtualización puede reducir la visibilidad y el control sobre un entorno físico directo, lo que puede afectar el rendimiento y la seguridad.

d) El único desafío es el costo, ya que la virtualización siempre es barata y fácil de implementar.

5. ¿Qué tecnología se utiliza a menudo para la virtualización de aplicaciones?

a) AngularJS.

b) Docker.

c) Arranque.

d) jConsulta.


6. ¿Cómo se relaciona la virtualización de escritorios con la virtualización de aplicaciones en el análisis de big data?

a) La virtualización de escritorios es irrelevante para el análisis de Big Data.

b) La virtualización de escritorios proporciona un entorno operativo virtual que puede soportar el uso de aplicaciones de Big Data virtualizadas.

c) La virtualización de escritorios compite directamente con la virtualización de aplicaciones, lo que reduce su efectividad.

d) La virtualización de escritorios prioriza el procesamiento de gráficos sobre el procesamiento de datos.


7. ¿Qué es el hipervisor en el contexto de la virtualización?

a) Una herramienta de seguridad que monitorea y protege las aplicaciones virtuales.

b) Un tipo de malware que ataca entornos virtualizados.

c) Un software, firmware o hardware que crea y administra máquinas virtuales y se puede usar para ejecutar múltiples sistemas operativos en una sola máquina física.

d) Protocolo de red utilizado exclusivamente en entornos virtualizados.

8. ¿Cuál es la principal ventaja de la virtualización para las aplicaciones que operan con grandes conjuntos de datos?

a) Aumento de la latencia de la red, lo que mejora la seguridad de los datos.

b) Aislamiento de aplicaciones, lo que permite que varias instancias se ejecuten en el mismo hardware sin interferencias.

c) Disminución de la capacidad de almacenamiento necesaria para los datos.

d) Reducción de la variedad de datos que pueden ser tratados por cada aplicación.

9. ¿Cómo puede contribuir la virtualización de aplicaciones a la mejora de la analítica de big data en tiempo real?

a) Retrasando el procesamiento para garantizar un análisis más preciso de los datos.

b) Movilizar recursos rápidamente para manejar los picos de demanda sin necesidad de hardware adicional.

c) Limitar el acceso a los datos en tiempo real solo a los usuarios autorizados.

d) Virtualizar el almacenamiento de datos en lugar de aplicaciones, lo que no está directamente relacionado con el análisis de datos.

10. ¿Qué es la VDI en relación a la virtualización en el entorno Big Data?

a) Virtual Data Interface, una herramienta para facilitar la interacción con Big Data.

b) Infraestructura de escritorio virtual, una tecnología que aloja un escritorio virtual en un servidor centralizado.

c) Very Important Data, la clasificación de los datos críticos en la virtualización.

d) Virtual Deployment Item, una unidad de software para su instalación en sistemas virtualizados.

11. ¿Qué factor es crucial para la compatibilidad de la virtualización de aplicaciones con Big Data?

a) El diseño gráfico de la aplicación virtualizada.

b) La capacidad de la aplicación para interactuar con los dispositivos de entrada.

c) La presencia de recursos computacionales suficientes para procesar y analizar los datos de manera eficiente.

d) La popularidad de la aplicación entre los usuarios finales.

12. ¿Por qué la portabilidad es una característica importante de la virtualización de aplicaciones en el contexto de Big Data?

a) Porque garantiza que las aplicaciones se puedan distribuir de forma gratuita.

b) Porque permite que las aplicaciones se ejecuten en diferentes plataformas y entornos sin necesidad de reconfiguración.

c) Por la capacidad de traducir automáticamente los datos a varios idiomas.

d) Porque reduce la necesidad de soporte técnico para instalar las aplicaciones.

13. ¿Qué son los contenedores en la virtualización de aplicaciones y cómo se relacionan con el Big Data?

a) Dispositivos físicos de almacenamiento utilizados para grandes conjuntos de datos.

b) Herramientas de software que encapsulan una aplicación y sus dependencias, ofreciendo una forma ligera y eficiente de virtualizar aplicaciones y facilitar la escalabilidad y movilidad de las soluciones de Big Data.

c) Algoritmos que comprimen datos para ahorrar espacio de almacenamiento virtual.

d) Bases de datos en la nube diseñadas específicamente para almacenar información meteorológica.

14. ¿Cómo puede afectar la virtualización de aplicaciones al rendimiento de la analítica de big data?

a) Disminución del rendimiento debido al aumento del tiempo de respuesta de la aplicación.

b) Aumentar la carga de trabajo de los servidores físicos, disminuyendo la eficiencia del sistema.

c) Mejorar el rendimiento, ya que las aplicaciones virtualizadas pueden optimizarse para distribuir el procesamiento de datos entre varios recursos informáticos.

d) No afecta al rendimiento, ya que la virtualización de aplicaciones es independiente de las operaciones de Big Data.

15. ¿Cuál de las siguientes afirmaciones es cierta sobre la gestión de aplicaciones virtualizadas en Big Data?

a) La virtualización de aplicaciones simplifica la gestión al separar las aplicaciones de la infraestructura subyacente.

b) La gestión se vuelve más costosa y complicada con la virtualización de aplicaciones.

c) Las aplicaciones virtualizadas no pueden ser administradas; Operan de forma autónoma y sin supervisión.

d) La gestión de aplicaciones virtualizadas no es necesaria en entornos Big Data.

16. ¿Cuáles son los beneficios asociados con el uso de máquinas virtuales (VM) en Big Data Analytics?

a) Las máquinas virtuales ofrecen menos seguridad, lo que facilita el intercambio de datos.

b) Las máquinas virtuales son baratas y aceleran el tiempo de procesamiento del análisis de datos.

c) Las máquinas virtuales proporcionan un entorno aislado y controlado que se puede replicar fácilmente, lo que favorece la coherencia de las pruebas y el análisis.

d) Las máquinas virtuales reducen la necesidad de almacenamiento, ya que todos los datos se procesan al instante.

## 8.2    Respuestas.

1. c) Es el proceso de ejecutar una aplicación en un entorno virtual en lugar de en la infraestructura física subyacente.

2. b) Permitir que diferentes aplicaciones de análisis de datos se ejecuten simultáneamente en un entorno compartido sin conflictos.

3. b) Garantiza una mayor utilización del hardware al permitir que múltiples aplicaciones se ejecuten en un solo conjunto de recursos físicos.

4. c) La virtualización puede reducir la visibilidad y el control sobre un entorno físico directo, lo que puede afectar el rendimiento y la seguridad.

5. b) Docker.

6. b) La virtualización de escritorios proporciona un entorno operativo virtual que puede soportar el uso de aplicaciones de Big Data virtualizadas.

7. c) Un software, firmware o hardware que crea y gestiona

8. b) Aislamiento de aplicaciones, lo que permite que varias instancias se ejecuten en el mismo hardware sin interferencias.

9. b) Movilizar recursos rápidamente para manejar los picos de demanda sin necesidad de hardware adicional.

10. b) Infraestructura de escritorio virtual, una tecnología que aloja un

escritorio virtual en un servidor centralizado.

11. c) La presencia de recursos computacionales suficientes para procesar y analizar los datos de manera eficiente.

12. b) Porque permite que las aplicaciones se ejecuten en diferentes plataformas y entornos sin necesidad de reconfiguración.

13. b) Herramientas de software que encapsulan una aplicación y sus dependencias, ofreciendo una forma ligera y eficiente de virtualizar aplicaciones y facilitar la escalabilidad y movilidad de las soluciones de Big Data.

14. c) Mejorar el rendimiento, ya que las aplicaciones virtualizadas pueden optimizarse para distribuir el procesamiento de datos entre varios recursos informáticos.

15. a) La virtualización de aplicaciones simplifica la gestión al separar las aplicaciones de la infraestructura subyacente.

16. c) Las máquinas virtuales proporcionan un entorno aislado y controlado que se puede replicar fácilmente, lo que favorece la coherencia de las pruebas y el análisis

# 9    Conclusión.

A lo largo de este libro, exploramos los conceptos clave, los desafíos y las oportunidades que brinda el Big Data, demostrando cómo esta tecnología ha revolucionado industrias dispares e impulsado la toma de decisiones basada en datos.

Discutimos cómo la combinación de grandes volúmenes de información y algoritmos sofisticados no solo transforma los modelos de negocio, sino que también redefine la forma en que interactuamos con los mundos digital y físico.

Este libro forma parte de la colección "700 Big Data Questions", una obra exhaustiva que ha sido cuidadosamente estructurada para proporcionar una comprensión progresiva y profunda de los diversos aspectos del Big Data.

Los cinco volúmenes que componen esta colección abordan, de forma secuencial y complementaria, los pilares fundamentales para dominar esta tecnología:

- Volumen 1: Introduce los conceptos fundamentales del Big Data, explorando su naturaleza como materia prima esencial para la nueva economía digital y sus principales aplicaciones.

- Volumen 2: Profundiza la comprensión de Big Data en el contexto de la ciencia de la información, analizando las tendencias emergentes, la analítica aumentada, la inteligencia continua y la computación distribuida.

- Volumen 3: Explora los aspectos tecnológicos y de gestión del Big Data, incluida la minería de datos, los algoritmos de clasificación y regresión, y las nuevas profesiones impulsadas por el avance de los datos.

- Volumen 4: Aborda los requisitos para una gestión eficiente de Big Data, incluidas las estructuras de datos, las capas de arquitectura, el almacenamiento y el papel de la Inteligencia de Negocios en este ecosistema.

- Volumen 5: Se centra en la implementación práctica de Big Data, discutiendo SAAS, IAAS y PAAS, costos operativos, desafíos para las pequeñas empresas, seguridad digital y la evolución del Data Warehouse.

Cada volumen de esta colección forma parte del proyecto más amplio de la recopilación de Big Data, que busca consolidar el conocimiento sobre los principales enfoques, herramientas y estrategias en la gestión y aplicación de datos en el contexto de la Inteligencia Artificial. Si quieres ampliar tu comprensión de estos temas y profundizar tus conocimientos de forma estructurada y progresiva, te invito a explorar los otros volúmenes de esta serie.

El futuro está impulsado por los datos, y aquellos que dominan este lenguaje están a la vanguardia de la innovación. La colección "700 preguntas de Big Data" es una guía esencial para profesionales, investigadores y entusiastas que desean prepararse para esta nueva era digital, proporcionando información valiosa y prácticas aplicables en diversos escenarios.

# 10  Bibliografía.

ACQUISTI, A., BRANDIMARTE, L., & LOEWENSTEIN, G. (2015). Privacy and human behavior in the age of information. Science, 347(6221), 509-514. Available at: https://www.heinz.cmu.edu/~acquisti/papers/Acquisti-Science-Privacy-Review.pdf.

ACQUISTI, A., TAYLOR, C., & WAGMAN, L. (2016). The economics of privacy. Journal of Economic Literature, 54(2), 442-92.

AKIDAU, Tyler, CHERNYAK, Slava, LAX, Reuven. (2019). Streaming Systems: The What, Where, When, and How of Large-Scale Data Processing.

ALGORITHMWATCH. (2019) Automating Society 2019. Available at: https://algorithmwatch.org/en/automating-society-2019/

ARMSTRONG, M. (2006). Competition in two-sided markets. The RAND Journal of Economics.

ARMSTRONG, M. (2006). Competition in two-sided markets. The RAND Journal of Economics, 37(3), 668-691.

BELKIN, N.J. (1978). Information concepts for information science. Journal of Documentation, v. 34, n. 1, p. 55-85.

BOLLIER, D., & Firestone, C. M. (2010). The promise and peril of Big Data. Washington, DC: Aspen Institute, Communications and Society Program.

BOYD, D; CRAWFORD, K. (2012). Critical Questions for Big Data: Provocations for a Cultural, Technological, and Scholarly Phenomenon. Information, Communication, & Society v.15, n.5, p. 662-679.

BRETON, P. & PROULX S. (1989). L'explosion de la communication. la naissance d'une nouvelle idéologie. Paris: La Découverte.

BUBENKO, J. A., WANGLER, B. (1993). "Objectives Driven Capture of Business Rules and of Information System Requirements". IEEE Systems Man and Cybernetics'93 Conference, Le Touquet, France.

CHEN, H., CHIANG, R. H., & STOREY, V. C. (2012). Business Intelligence and Analytics: From Big Data to Big Impact. MIS Quarterly.

CHENG, Y., Qin, C., & RUSU, F. (2012). Big Data Analytics made easy. SIGMOD '12 Proceedings of the 2012 ACM SIGMOD International Conference on Management of Data New York.

COHEN, Reuven. (2012). Brazil's Booming Business of Big Data – Available at: https://www.forbes.com/sites/reuvencohen/2012/12/12/brazil s-booming-business-of-bigdata/?sh=1de7e6bc4682

COMPUTERWORLD. (2016) Ten cases of Big Data that guaranteed a significant return on investment. Available at: https://computerworld.com.br/plataformas/10-casos-de-big-data-que-garantiram-expressivo-retorno-sobre-investimento/.

DAVENPORT, T. H. (2014). Big Data at work: debunking myths and uncovering opportunities. Rio de Janeiro: Elsevier.

DAVENPORT, T; PATIL, D. (2012). Data scientist: the sexiest job of the 21st century. Harvard Business Review. Available at: https://hbr.org/2012/10/data-scientist-the-sexiest-job-of-the-21st-century.

DAVENPORT, T; PATIL, D. (2012). Data scientist: the sexiest job of the 21st century. Harvard Business Review. Available at: https://hbr.org/2012/10/data-scientist-the-sexiest-job-of-the-21st-century.

DIXON, James. 2010. Pentaho, Hadoop, and Data Lakes. Blog, October. Available                                                                                     at: https://jamesdixon.wordpress.com/2010/10/14/pentaho-hadoop-and-data-lakes/

EDWARD Choi, M. T. (2017). RETAIN: An Interpretable Predictive Model for Healthcare using Reverse Time Attention Mechanism. Available in https://arxiv.org/pdf/1608.05745.pdf

GLASS, R. ; CALLAHAN, (2015).S. The Big Data-Driven Business: How to Use Big Data to Win Customers, Beat Competitors, and Boost Profit. New Jersey: John Wiley & Sons, Inc.

GÓMEZ-BARROSO, J. L. (2018). Experiments on personal information disclosure: Past and future avenues. Telematics and Informatics, 35(5),                            1473-1490.Available                            at: https://doi.org/10.1016/j.tele.2018.03.017

GUALTIERI, M. (2013). Big Data Predictive Analytics Solutions. Massachusetts: Forrester.

HALPER, F. (2013). How To Gain Insight From Text. TDWI Checklist Report.

HALPER, F., & KRISHNAN, K. (2013). TDWI Big Data Maturity Model Guide Interpreting Your Assessment Score. TDWI Benchmark Guide 2013–2014.

HELBING, D. (2014). The World after Big Data: What the Digital Revolution Means for Us. Available at: http://papers.ssrn.com/sol3/papers.cfm?abstract_id=2438957.

HELBING, D. (2015a). Big Data Society: Age of Reputation or Age of Discrimination?. In: HELBING, D. Thinking Ahead-Essays on Big Data, Digital Revolution, and Participatory Market Society. Springer International Publishing. p. 103-114.

HELBING, D. (2015b). Thinking Ahead-Essays on Big Data, Digital Revolution, and Participatory Market Society. Springer International Publishing.

HILBERT, M. (2013). Big Data for Development: From Information to Knowledge Societies. Available at https://www.researchgate.net/publication/254950835_Big_Dat a_for_Development_From_Information-_to_Knowledge_Societies.

IBM. (2014). Exploiting Big Data in telecommunications to increase revenue, reduce customer churn and operating costs. Source: IBM: http://www-01.ibm.com/software/data/bigdata/industry-telco.html.

INMON, W. H. (1992). Building the Data Warehouse. John Wiley & Sons, New York, NY, USA.

INMON, W. H. (1996). Building the Data Warehouse. John Wiley & Sons, New Yorkm NY, USA.2nd edition.

JARVELIN, K. & Vakkari, P. (1993) The evolution of Library and Information Science 1965-1985: a content analysis of journal articles. Information Processing & Management, v.29, n.1, p. 129-144.

KAMIOKA, T; TAPANAINEN, T. (2014). Organizational use of Big Data and competitive advantage - Exploration of Antecedents. Available at: https://www.researchgate.net/publication/284551664_Organiz ational_Use_of_Big_Data_and_Competitive_Advantage_-_Exploration_of_Antecedents.

KANDALKAR, N.A; WADHE, A. (2014). Extracting Large Data using Big Data Mining, International Journal of Engineering Trends and Technology. v. 9, n.11, p.576-582.

KIMBALL, R.; ROSS, M. (2013). The Data Warehouse Toolkit: The Definitive Guide to Dimensional Modeling, Third Edition. Wiley 10475 Crosspoint Boulevard Indianapolis, IN 46256: John Wiley & Sons, Inc.

KSHETRI, N. (2014). Big Data' s impact on privacy, security and consumer welfare. Telecommunications Policy, 38(11), 1134-1145.

LAVALLE, S., LESSER, E., SHOCKLEY, R., HOPKINS, M. S., & KRUSCHWITZ, N. (2010). Big Data, Analytics and the Path From Insights to Value.

LOHR, S. (2012). The Age of Big Data. The New York Times.

MACHADO, Felipe Nery Rodrigues. 2018. Database-Design and Implementation. [S.I.]: Editora Saraiva.

MANYIKA, J., CHUI, M., BROWN, B., BUGHIN, J., DOBBS, R., ROXBURGH, C., & BYERS, A. H. (2011). Big Data: The next frontier for innovation, competition, and productivity.

OHLHORST, J. F. (2012). Big Data Analytics: Turning Big Data into Big Money. Wiley.

OSWALDO, T., PJOTR, P., MARC, S., & RITSERT, C. J. (2011). Big Data, but are we ready? Available at: https://www.nature.com/articles/nrg2857-c1.

PAVLO, A., PAULSON, E., RASIN, A., ABADI, D. J., DEWITT, D. J., MADDEN, S., & STONEBRAKER, M. (2009). A comparison of approaches to large-scale data analysis. SIGMOD, pp. 165–178.

RAJ, P., & DEKA, G. C. (2012). Handbook of Research on Cloud Infrastructures for Big Data Analytics. Information Science: IGI Global.

SUBRAMANIAM, Anushree. 2020. What is Big Data? – A Beginner's Guide to the World of Big Data. Available at: edureka.co/blog/what-is-big-data/.

TANKARD, C. (2012). Big Data security, Network Security, Volume 2012, Issue7, July 2012, Pages 5 -8, ISSN 1353-4858.

TM FORUM. (2005). SLA management handbook - volume 2. Technical Report GB9712, TeleManagement Forum.

VAISHNAVI, V. K., & KUECHLER, W. (2004). Design Science Research in Information Systems.

VAN AALST, W. M., VAN HEE, K. M., VAN WERF, J. M., & VERDONK, M. (March 2010). Auditing 2.0: Using Process Mining to Support Tomorrow's Auditor. Computer (Volume:43, Issue:3.

WANG, Y., KUNG, L., & BYRD, T. A. (2018). Big Data analytics: Understanding its capabilities and potential benefits for healthcare organizations. Technological Forecasting and Social Change, 126, 3-13.

WIDJAYA, Ivan. (2019). What are the costs of big data? Available at: http://www.smbceo.com/2019/09/04/what-are-the-costs-of-big-data/

# 11  Recopilación de big data: desbloqueando el futuro de los datos en una colección esencial.

La colección *Big Data* fue creada para ser una guía indispensable para profesionales, estudiantes y entusiastas que desean navegar con confianza por el vasto y fascinante universo de los datos. En un mundo cada vez más digital e interconectado, el Big Data no es solo una herramienta, sino una estrategia fundamental para la transformación de los negocios, los procesos y las decisiones. Esta colección se propone simplificar conceptos complejos y capacitar a sus lectores para convertir los datos en información valiosa.

Cada volumen de la colección aborda un componente esencial de esta área, combinando teoría y práctica para ofrecer una comprensión amplia e integrada. Encontrarás temas como:

Además de explorar los fundamentos, la colección también mira hacia el futuro, con debates sobre tendencias emergentes como la integración de la inteligencia artificial, el análisis de textos y la gobernanza en entornos cada vez más dinámicos y globales.

Tanto si es un directivo que busca formas de optimizar los procesos, como si es un científico de datos que explora nuevas técnicas o un principiante que siente curiosidad por comprender el impacto de los datos en la vida cotidiana, la colección de *Big Data* es el socio ideal en este viaje. Cada libro ha sido desarrollado con un lenguaje accesible pero técnicamente sólido, lo que permite a los lectores de todos los niveles avanzar en su comprensión y habilidades.

Prepárese para dominar el poder de los datos y destacar en un mercado en constante evolución. La colección de *Big Data* está disponible en Amazon y es la clave para desbloquear el futuro de la inteligencia basada en datos.

## 11.1    Para quién es la recopilación de Big Data.

La colección de Big Data está diseñada para atender a una audiencia diversa que comparte el objetivo de comprender y aplicar el poder de los datos en un mundo cada vez más impulsado por la información. Tanto si es un profesional experimentado como si acaba de empezar su andadura en el ámbito de la tecnología y los datos, esta colección ofrece información valiosa, ejemplos prácticos y herramientas indispensables.

1. Profesionales de la tecnología y los datos.

Los científicos de datos, ingenieros de datos, analistas y desarrolladores encontrarán en la colección los fundamentos que necesitan para dominar conceptos como Big Data Analytics, computación distribuida, Hadoop y herramientas avanzadas. Cada volumen cubre temas técnicos de una manera práctica, con explicaciones claras y ejemplos que se pueden aplicar en la vida cotidiana.

2. Gerentes y líderes organizacionales.

Para líderes y gerentes, la colección ofrece una visión estratégica sobre cómo implementar y gestionar proyectos de Big Data. Los libros muestran cómo utilizar los datos para optimizar procesos, identificar oportunidades y tomar decisiones informadas. Ejemplos del mundo real ilustran cómo las empresas han utilizado Big Data para transformar sus negocios en industrias como el comercio minorista, la atención médica y el medio ambiente.

3. Emprendedores y pequeñas empresas.

Los emprendedores y propietarios de pequeñas empresas que quieran aprovechar el poder de los datos para mejorar su competitividad también pueden beneficiarse. La colección presenta estrategias prácticas para el uso de Big Data de forma escalable, desmitificando la idea de que esta tecnología es exclusiva de las grandes corporaciones.

4. Estudiantes y principiantes en la zona.

Si eres estudiante o estás empezando a explorar el universo del Big Data, esta colección es el punto de partida perfecto. Con un lenguaje accesible y ejemplos prácticos, los libros hacen que los conceptos complejos sean más comprensibles, preparándote para profundizar en la ciencia de datos y la inteligencia artificial.

5. Curiosos y entusiastas de la tecnología.

Para aquellos que, incluso fuera del entorno corporativo o académico, tienen interés en comprender cómo el Big Data está dando forma al mundo, la colección ofrece una introducción fascinante y educativa. Descubra cómo los datos están transformando áreas tan diversas como la salud, la sostenibilidad y el comportamiento humano.

Independientemente de su nivel de experiencia o de la industria en la que se encuentre, la colección de *Big Data* está diseñada para empoderar a sus lectores con información procesable, tendencias emergentes y una visión integral del futuro de los datos. Si estás buscando entender y aplicar el poder del Big Data para crecer profesionalmente o transformar tu negocio, esta colección es para ti. Disponible en Amazon, es la guía esencial para dominar el impacto de los datos en la era digital.

11.2    Conoce los libros de la Colección.

11.2.1  Simplificación de Big Data en 7 capítulos.

Este libro es una guía imprescindible para cualquier persona que quiera entender y aplicar los conceptos fundamentales del Big Data de una forma clara y práctica. En un formato sencillo y accesible, el libro cubre todo, desde pilares teóricos, como las 5 V del Big Data, hasta herramientas y técnicas modernas, como Hadoop y Big Data Analytics.

Explorando ejemplos reales y estrategias aplicables en áreas como la salud, el comercio minorista y el medio ambiente, este trabajo es ideal para profesionales de la tecnología, gerentes, empresarios y estudiantes que buscan transformar los datos en información valiosa.

Con un enfoque que conecta la teoría y la práctica, este libro es el punto de partida perfecto para dominar el universo Big Data y aprovechar sus posibilidades.

11.2.2 Gestión de Big Data.

Este libro ofrece un enfoque práctico y completo para servir a una audiencia diversa, desde analistas principiantes hasta gerentes, estudiantes y empresarios experimentados.

Con un enfoque en la gestión eficiente de grandes volúmenes de información, este libro presenta análisis en profundidad, ejemplos del mundo real, comparaciones entre tecnologías como Hadoop y Apache Spark, y estrategias prácticas para evitar trampas e impulsar el éxito.

Cada capítulo está estructurado para proporcionar información aplicable, desde los fundamentos hasta las herramientas de análisis avanzadas.

11.2.3 Arquitectura de Big Data.

Este libro está dirigido a un público diverso, incluidos arquitectos de datos que necesitan crear plataformas sólidas, analistas que desean comprender cómo se integran las capas de datos y ejecutivos que buscan tomar decisiones informadas. Los estudiantes e investigadores en ciencias de la computación, ingeniería de datos y gestión también encontrarán aquí una referencia sólida y actualizada.

El contenido combina un enfoque práctico y un rigor conceptual. Se le guiará desde los fundamentos, como las 5 V de Big Data, hasta la complejidad de las arquitecturas en capas, que abarcan la infraestructura, la seguridad, las herramientas de análisis y los estándares de almacenamiento, como Data Lake y Data Warehouse. Además, los ejemplos claros, los estudios de casos reales y las comparaciones de tecnologías ayudarán a convertir los conocimientos teóricos en aplicaciones prácticas y estrategias efectivas.

11.2.4 Implementación de Big Data.

Este volumen ha sido cuidadosamente diseñado para ser una guía práctica y accesible, conectando la teoría con la práctica para profesionales y estudiantes que desean dominar la implementación estratégica de soluciones de Big Data.

Abarca todo, desde el análisis de calidad y la integración de datos hasta temas como el procesamiento en tiempo real, la virtualización, la seguridad y la gobernanza, ofreciendo ejemplos claros y aplicables.

11.2.5 Estrategias para reducir costos y maximizar las inversiones en Big Data.

Con un enfoque práctico y razonado, este libro ofrece análisis detallados, estudios de casos reales y soluciones estratégicas para gerentes de TI, analistas de datos, empresarios y profesionales de negocios.

Este libro es una guía indispensable para comprender y optimizar los costos asociados con la implementación de Big Data, cubriendo todo, desde el almacenamiento y el procesamiento hasta las estrategias específicas de las pequeñas empresas y el análisis de costos en la nube.

Como parte de la colección "Big Data", se conecta con otros volúmenes que exploran profundamente las dimensiones técnicas y estratégicas del campo, formando una biblioteca esencial para cualquiera que busque dominar los desafíos y oportunidades de la era digital.

11.2.6 Recopilación de 700 preguntas de Big Data.

Esta colección está diseñada para proporcionar un aprendizaje dinámico, desafiante y práctico. Con 700 preguntas estratégicamente elaboradas y distribuidas en 5 volúmenes, permite avanzar en el dominio del Big Data de forma progresiva y atractiva. Cada respuesta es una oportunidad para ampliar tu visión y aplicar conceptos de forma realista y eficaz.

La colección consta de los siguientes libros:

1    BIG DATA: 700 preguntas - Volumen 1.

Se trata de la información como materia prima para todo, los conceptos fundamentales y las aplicaciones del Big Data.

2    BIG DATA: 700 preguntas - Volumen 2.

Aborda Big Data en el contexto de la ciencia de la información, las tendencias y el análisis de la tecnología de datos, el análisis aumentado, la inteligencia continua, la computación distribuida y la latencia.

3    BIG DATA: 700 preguntas - Volumen 3.

Contempla los aspectos tecnológicos y de gestión del Big Data, la minería de datos, los árboles de clasificación, la regresión logística y las profesiones en el contexto del Big Data.

4    BIG DATA: 700 preguntas - Volumen 4.

Se ocupa de los requisitos para la gestión de Big Data, las estructuras de datos utilizadas, la arquitectura y las capas de almacenamiento, la Business Intelligence en el contexto de Big Data y la virtualización de aplicaciones.

5    BIG DATA: 700 preguntas - Volumen 5.

El libro trata sobre SAAS, IAAS Y PAAS, implementación de Big Data, gastos generales y ocultos, Big Data para pequeñas empresas, seguridad digital y almacenamiento de datos en el contexto de Big Data.

11.2.7 Glosario de Big Data.

A medida que los datos a gran escala se convierten en el corazón de las decisiones estratégicas en una variedad de industrias, este libro ofrece un puente entre la jerga técnica y la claridad práctica, lo que le permite convertir información compleja en información valiosa.

Con definiciones claras, ejemplos prácticos y una organización intuitiva, este glosario está diseñado para atender a una amplia gama de lectores, desde desarrolladores e ingenieros de datos hasta gerentes y curiosos que buscan explorar el impacto transformador de Big Data en sus campos.

# 12 Discover the "Artificial Intelligence and the Power of Data" Collection – An Invitation to Transform Your Career and Knowledge.

The "Artificial Intelligence and the Power of Data" Collection was created for those who want not only to understand Artificial Intelligence (AI), but also to apply it strategically and practically.

In a series of carefully crafted volumes, I unravel complex concepts in a clear and accessible manner, ensuring the reader has a thorough understanding of AI and its impact on modern societies.

No matter what your level of familiarity with the topic, this collection turns the difficult into the didactic, the theoretical into the applicable, and the technical into something powerful for your career.

## 12.1   Why buy this collection?

We are living through an unprecedented technological revolution, where AI is the driving force in areas such as medicine, finance, education, government, and entertainment.

The collection "Artificial Intelligence and the Power of Data" dives deep into all these sectors, with practical examples and reflections that go far beyond traditional concepts.

You'll find both the technical expertise and the ethical and social implications of AI encouraging you to see this technology not just as a tool, but as a true agent of transformation.

Each volume is a fundamental piece of this innovative puzzle: from machine learning to data governance and from ethics to practical application.

With the guidance of an experienced author who combines academic research with years of hands-on practice, this collection is more than a set of books – it's an indispensable guide for anyone looking to navigate and excel in this burgeoning field.

## 12.2    Target Audience of this Collection?

This collection is for everyone who wants to play a prominent role in the age of AI:

✓ Tech Professionals: Receive deep technical insights to expand their skills.

✓ Students and the Curious: have access to clear explanations that facilitate the understanding of the complex universe of AI.

✓ Managers, business leaders, and policymakers will also benefit from the strategic vision on AI, which is essential for making well-informed decisions.

✓ Professionals in Career Transition: Professionals in career transition or interested in specializing in AI will find here complete material to build their learning trajectory.

## 12.3    Much More Than Technique – A Complete Transformation.

This collection is not just a series of technical books; It is a tool for intellectual and professional growth.

With it, you go far beyond theory: each volume invites you to a deep reflection on the future of humanity in a world where machines and algorithms are increasingly present.

This is your invitation to master the knowledge that will define the future and become part of the transformation that Artificial Intelligence brings to the world.

Be a leader in your industry, master the skills the market demands, and prepare for the future with the "Artificial Intelligence and the Power of Data" collection.

This is not just a purchase; It is a decisive investment in your learning and professional development journey.

## 13 The Books of the Collection.

### 13.1 Data, Information and Knowledge in the era of Artificial Intelligence.

This book essentially explores the theoretical and practical foundations of Artificial Intelligence, from data collection to its transformation into intelligence. It focuses primarily on machine learning, AI training, and neural networks.

### 13.2 From Data to Gold: How to Turn Information into Wisdom in the Age of AI.

This book offers critical analysis on the evolution of Artificial Intelligence, from raw data to the creation of artificial wisdom, integrating neural networks, deep learning, and knowledge modeling.

It presents practical examples in health, finance, and education, and addresses ethical and technical challenges.

### 13.3 Challenges and Limitations of Data in AI.

The book offers an in-depth analysis of the role of data in the development of AI exploring topics such as quality, bias, privacy, security, and scalability with practical case studies in healthcare, finance, and public safety.

13.4    Historical Data in Databases for AI: Structures, Preservation, and Purge.

This book investigates how historical data management is essential to the success of AI projects. It addresses the relevance of ISO standards to ensure quality and safety, in addition to analyzing trends and innovations in data processing.

13.5    Controlled Vocabulary for Data Dictionary: A Complete Guide.

This comprehensive guide explores the advantages and challenges of implementing controlled vocabularies in the context of AI and information science. With a detailed approach, it covers everything from the naming of data elements to the interactions between semantics and cognition.

13.6    Data Curation and Management for the Age of AI.

This book presents advanced strategies for transforming raw data into valuable insights, with a focus on meticulous curation and efficient data management. In addition to technical solutions, it addresses ethical and legal issues, empowering the reader to face the complex challenges of information.

13.7    Information Architecture.

The book addresses data management in the digital age, combining theory and practice to create efficient and scalable AI systems, with insights into modeling and ethical and legal challenges.

13.8    Fundamentals: The Essentials of Mastering Artificial Intelligence.

An essential work for anyone who wants to master the key concepts of AI, with an accessible approach and practical examples. The book explores innovations such as Machine Learning and Natural Language

Processing, as well as ethical and legal challenges, and offers a clear view of the impact of AI on various industries.

13.9  LLMS - Large-Scale Language Models.

This essential guide helps you understand the revolution of Large-Scale Language Models (LLMs) in AI.

The book explores the evolution of GPTs and the latest innovations in human-computer interaction, offering practical insights into their impact on industries such as healthcare, education, and finance.

13.10  Machine Learning: Fundamentals and Advances.

This book offers a comprehensive overview of supervised and unsupervised algorithms, deep neural networks, and federated learning. In addition to addressing issues of ethics and explainability of models.

13.11  Inside Synthetic Minds.

This book reveals how these 'synthetic minds' are redefining creativity, work, and human interactions. This work presents a detailed analysis of the challenges and opportunities provided by these technologies, exploring their profound impact on society.

13.12  The Issue of Copyright.

This book invites the reader to explore the future of creativity in a world where human-machine collaboration is a reality, addressing questions about authorship, originality, and intellectual property in the age of generative AIs.

13.13  1121 Questions and Answers: From Basic to Complex – Part 1 to 4.

Organized into four volumes, these questions serve as essential practical guides to mastering key AI concepts.

Part 1 addresses information, data, geoprocessing, the evolution of artificial intelligence, its historical milestones and basic concepts.

Part 2 delves into complex concepts such as machine learning, natural language processing, computer vision, robotics, and decision algorithms.

Part 3 addresses issues such as data privacy, work automation, and the impact of large-scale language models (LLMs).

Part 4 explores the central role of data in the age of artificial intelligence, delving into the fundamentals of AI and its applications in areas such as mental health, government, and anti-corruption.

13.14   The Definitive Glossary of Artificial Intelligence.

This glossary presents more than a thousand artificial intelligence concepts clearly explained, covering topics such as Machine Learning, Natural Language Processing, Computer Vision, and AI Ethics.

- Part 1 contemplates concepts starting with the letters A to D.
- Part 2 contemplates concepts initiated by the letters E to M.
- Part 3 contemplates concepts starting with the letters N to Z.

13.15   Prompt Engineering - Volumes 1 to 6.

This collection covers all the fundamentals of prompt engineering, providing a complete foundation for professional development.

With a rich variety of prompts for areas such as leadership, digital marketing, and information technology, it offers practical examples to improve clarity, decision-making, and gain valuable insights.

The volumes cover the following subjects:

- Volume 1: Fundamentals. Structuring Concepts and History of Prompt Engineering.
- Volume 2: Security and Privacy in AI.

- Volume 3: Language Models, Tokenization, and Training Methods.
- Volume 4: How to Ask Right Questions.
- Volume 5: Case Studies and Errors.
- Volume 6: The Best Prompts.

## 13.16   Guide to Being a Prompt Engineer – Volumes 1 and 2.

The collection explores the advanced fundamentals and skills required to be a successful prompt engineer, highlighting the benefits, risks, and the critical role this role plays in the development of artificial intelligence.

Volume 1 covers crafting effective prompts, while Volume 2 is a guide to understanding and applying the fundamentals of Prompt Engineering.

## 13.17   Data Governance with AI – Volumes 1 to 3.

Find out how to implement effective data governance with this comprehensive collection. Offering practical guidance, this collection covers everything from data architecture and organization to protection and quality assurance, providing a complete view to transform data into strategic assets.

Volume 1 addresses practices and regulations. Volume 2 explores in depth the processes, techniques, and best practices for conducting effective audits on data models. Volume 3 is your definitive guide to deploying data governance with AI.

## 13.18   Algorithm Governance.

This book looks at the impact of algorithms on society, exploring their foundations and addressing ethical and regulatory issues. It addresses transparency, accountability, and bias, with practical solutions for auditing and monitoring algorithms in sectors such as finance, health, and education.

13.19 From IT Professional to AI Expert: The Ultimate Guide to a Successful Career Transition.

For Information Technology professionals, the transition to AI represents a unique opportunity to enhance skills and contribute to the development of innovative solutions that shape the future.

In this book, we investigate the reasons for making this transition, the essential skills, the best learning path, and the prospects for the future of the IT job market.

13.20 Intelligent Leadership with AI: Transform Your Team and Drive Results.

This book reveals how artificial intelligence can revolutionize team management and maximize organizational performance.

By combining traditional leadership techniques with AI-powered insights, such as predictive analytics-based leadership, you'll learn how to optimize processes, make more strategic decisions, and create more efficient and engaged teams.

13.21 Impacts and Transformations: Complete Collection.

This collection offers a comprehensive and multifaceted analysis of the transformations brought about by Artificial Intelligence in contemporary society.

- Volume 1: Challenges and Solutions in the Detection of Texts Generated by Artificial Intelligence.
- Volume 2: The Age of Filter Bubbles. Artificial Intelligence and the Illusion of Freedom.
- Volume 3: Content Creation with AI - How to Do It?
- Volume 4: The Singularity Is Closer Than You Think.

- Volume 5: Human Stupidity versus Artificial Intelligence.
- Volume 6: The Age of Stupidity! A Cult of Stupidity?
- Volume 7: Autonomy in Motion: The Intelligent Vehicle Revolution.
- Volume 8: Poiesis and Creativity with AI.
- Volume 9: Perfect Duo: AI + Automation.
- Volume 10: Who Holds the Power of Data?

13.22   Big Data with AI: Complete Collection.

The collection covers everything from the technological fundamentals and architecture of Big Data to the administration and glossary of essential technical terms.

The collection also discusses the future of humanity's relationship with the enormous volume of data generated in the databases of training in Big Data structuring.

- Volume 1: Fundamentals.
- Volume 2: Architecture.
- Volume 3: Implementation.
- Volume 4: Administration.
- Volume 5: Essential Themes and Definitions.
- Volume 6: Data Warehouse, Big Data, and AI.

## 14 Sobre el autor.

Soy Marcus Pinto, más conocido como el Prof. Marcão, especialista en tecnologías de la información, arquitectura de la información e inteligencia artificial.

Con más de cuatro décadas de dedicado trabajo e investigación, he construido una sólida y reconocida trayectoria, siempre enfocada en hacer accesible y aplicable el conocimiento técnico a todos aquellos que buscan comprender y destacarse en este campo transformador.

Mi experiencia abarca la consultoría estratégica, la educación y la autoría, así como un amplio desempeño como analista de arquitectura de información.

Esta experiencia me permite ofrecer soluciones innovadoras adaptadas a las necesidades en constante evolución del mercado tecnológico, anticipándome a las tendencias y creando puentes entre el conocimiento técnico y el impacto práctico.

A lo largo de los años, he desarrollado una experiencia completa y profunda en datos, inteligencia artificial y gobernanza de la información, áreas que se han vuelto esenciales para construir sistemas robustos y seguros capaces de manejar el gran volumen de datos que da forma al mundo actual.

Mi colección de libros, disponible en Amazon, refleja esta experiencia, abordando temas como la gobernanza de datos, el Big Data y la inteligencia artificial con un claro enfoque en aplicaciones prácticas y visión estratégica.

Autor de más de 150 libros, investigo el impacto de la inteligencia artificial en múltiples ámbitos, explorando desde sus bases técnicas hasta las cuestiones éticas que se vuelven cada vez más urgentes con la adopción de esta tecnología a gran escala.

En mis conferencias y mentorías, comparto no solo el valor de la IA, sino también los desafíos y responsabilidades que conlleva su implementación, elementos que considero esenciales para una adopción ética y consciente.

Creo que la evolución tecnológica es un camino inevitable. Mis libros son una propuesta de guía en este camino, que ofrece una visión profunda y accesible para aquellos que quieren no solo comprender, sino dominar las tecnologías del futuro.

Con un enfoque en la educación y el desarrollo humano, los invito a unirse a mí en este viaje transformador, explorando las posibilidades y los desafíos que esta era digital nos tiene reservados.

# 15 Cómo contactar al Prof. Marcão.

## 15.1 Para conferencias, formación y mentoring empresarial.

marcao.tecno@gmail.com

## 15.2 Prof. Marcão, en Linkedin.

https://bit.ly/linkedin_profmarcao

www.ingramcontent.com/pod-product-compliance
Lightning Source LLC
LaVergne TN
LVHW051658050326
832903LV00032B/3892

* 9 7 9 8 3 1 2 1 0 9 1 4 6 *